GU RATGEBER
NATURMEDIZIN

Dr. med. Silvia Franz

Infektanfälligkeit bei Kindern natürlich behandeln

- Infekte gezielt behandeln
- Immunsystem stärken und stabilisieren
- Selbsthilfe – ärztliche Maßnahmen

Mitarbeit Hans Finck

GU GRÄFE UND UNZER

Wichtiger Hinweis

In diesem GU Ratgeber sind Empfehlungen und Erläuterungen zur naturgemäßen Behandlung von Infektanfälligkeit dargestellt.
Einzelne von der Autorin vertretene Auffassungen weichen in bezug auf Diagnosestellung und Therapie von der gängigen medizinischen Lehrmeinung ab.
Die Eltern infektanfälliger Kinder müssen die Ursache der Erkrankung ihres Kindes vom Arzt klären und behandeln lassen. Auch wenn sie nicht sicher sind, ob es sich bei ihrem Kind um eine Infektanfälligkeit handelt, müssen sie einen Arzt zu Rate ziehen.
Sorgfältig zu beachten sind die Hinweise im Text, die auf die Notwendigkeit ärztlicher Untersuchung und Behandlung aufmerksam machen.

Inhalt

Ein Wort zuvor

In den letzten Jahren hat die Infektanfälligkeit bei Kindern ständig zugenommen. Noch vor wenigen Jahrzehnten waren die meisten Kinder, abgesehen von gelegentlichen Erkältungen und Kinderkrankheiten wie Masern, Röteln, Mumps, selten krank. Inzwischen aber leiden viele Kinder in Abständen von wenigen Wochen unter »Erkältungen«, Mittelohrentzündung, Bronchitis, wobei Husten und Schnupfen zwischendurch gar nicht mehr vollständig verschwinden. Auch Blasenentzündungen und Pilzinfektionen des Darms treten immer häufiger auf. Besonders anfällig sind Allergiker, bei denen Haut und Schleimhäute vorgeschädigt sind, so daß Krankheitskeime sich eher einnisten können. Schließlich sieht man immer mehr Herpesinfektionen, ein deutliches Zeichen für Immunschwäche.

Die Palette möglicher Ursachen für die Schwäche der Abwehrkräfte ist breit gefächert – sie reicht von schädigenden Einflüssen durch Lebensweise und Umwelt über nicht ausgeheilte »banale« Infekte und häufig auftretende akute Krankheiten bis zu chronischen Erkrankungen.

Während Eltern die Lebensweise ihres Kindes – seelische Belastung, Ernährung, Bewegung, Abhärtung, Freizeitaktivitäten – selbst positiv beeinflussen können, müssen Beschwerden und Erkrankungen jeglicher Art vom Arzt behandelt werden.

Wie Eltern dieses Buch nutzen können

Als erstes: Informieren

Zunächst ist es wichtig, sich zu informieren – über die Infektanfälligkeit, die sich sowohl in leichteren als auch schwereren gesundheitlichen Störungen eines Kindes äußern kann, sowie über die Vielzahl möglicher Ursachen.

Es gilt zu erkennen, daß wir von den schädigenden Einflüssen, denen wir heute ausgesetzt sind, einige selbst so mildern oder ausgleichen können, daß sie uns nicht dauerhaft irritieren. Darüber hinaus ist darauf zu achten, daß gerade die oft als »banal« bezeichneten Infekte vom Arzt behandelt werden, damit sie wirklich ausheilen. Krankheiten – das ist wohl klar – muß in jedem Fall der Arzt behandeln.

Diesen Vorstellungen folgen die Informationen und Hilfen, die in den einzelnen Kapiteln angeboten werden:

- »Infektanfälligkeit: Schwäche der Immunabwehr« (Seite 7) vermittelt Wissenswertes über das Immunsystem und seine »wunden Punkte«.
- »Ist Ihr Kind infektanfällig?« (Seite 16) – die genannten Kriterien lassen eine Gefährdung erkennen. Außerdem werden Konsequenzen angesprochen, die sich aus der Anfälligkeit eines Kindes für die Familie ergeben.
- »Mögliche Ursachen der Infektanfälligkeit« (Seite 19) informiert über schädigende Einflüsse, Beschwerden und Erkrankungen, die langfristig zu Infektanfälligkeit führen.

Wichtig

Bitte beachten Sie: Von den vielen möglichen Ursachen, die in diesem Buch der Vollständigkeit halber genannt sind, kommen für ein Kind sicher nur einige in Frage.
Leidet ein Kind unter einer der erwähnten Beschwerden oder Krankheiten, muß es von seinen Eltern dem Arzt vorgestellt werden, der die Diagnose stellt und die Behandlung bestimmt.
Auch ein bestehender Verdacht auf eine bestimmte Erkrankung muß vom Arzt geklärt werden.

- »Den Ursachen auf der Spur« (Seite 35) – hier sind Diagnosetechniken vorgestellt, mit deren Hilfe ein naturheilkundlich orientierter Arzt die Ursache klären kann.
- »Selbsthilfe zu Hause« (Seite 53) informiert über einfache, wirkungsvolle Möglichkeiten, schädigende Einflüsse aus Lebensweise und Umwelt zu mildern oder auszugleichen, um die Selbstheilungskräfte eines Kindes zu stärken.
- »Naturheilkunde-Therapie des Arztes« (Seite 66): Neben den allgemein anerkannten ärztlichen Behandlungsmethoden gibt es neuere Verfahren, die von darin ausgebildeten Therapeuten zur Behandlung bestimmter Beschwerden und Erkrankungen eingesetzt werden. Diese Verfahren sind vorgestellt.

Infektanfälligkeit: Schwäche der Immunabwehr

Von dem berühmten französischen Mediziner Claude Bernard stammt der Ausspruch: »Die Mikrobe ist gar nichts, das Terrain ist alles.« Damit meinte er, daß Krankheitskeime oder »Mikroben«, wie man damals sagte, nur dann im Körper Fuß fassen und eine Infektion erzeugen können, wenn sie dafür den geeigneten Boden vorfinden: ein durch andere Faktoren geschwächtes Immunsystem. Ob und in welchem Grad ein Kind infektanfällig ist, hängt also vom Zustand seines Immunsystems ab.

»Angesteckt« – was passiert dabei im Körper?

Wer ein intaktes Immunsystem besitzt, ist kaum infektanfällig und wird nur in drei Fällen krank:

Wann Krankheit »normal« ist

- wenn sein Immunsystem von ihm bislang unbekannten Erregern (etwa tropischen Parasiten) überrumpelt wird,
- wenn die Erreger einen hohen »Infektionsdruck« ausüben, nämlich in so großen Mengen anstürmen, daß die Immunabwehr nicht alle gleichzeitig überwältigen kann (Beispiel: salmonellenverseuchte Lebensmittel), und
- wenn das Immunsystem durch schwere Belastungen (seelische Schocks, körperliche Überanstrengung oder Vergiftungen) vorübergehend geschwächt wird.

Ein ständig geschwächtes Immunsystem aber kann sich gegen Krankheitserreger nicht ausreichend zur Wehr setzen, so daß schon ein geringer Infektionsdruck genügt, also relativ wenige Erreger, um den Menschen krank zu machen. In diesen Fällen spricht man von Infektanfälligkeit.

So arbeitet das Immunsystem

Unser Organismus verfügt über viele ineinander verwobene Mechanismen zur Abwehr von Krankheitserregern:

Äußerer Schutz

Die Haut ist die erste Barriere gegen Eindringlinge. Ist sie unverletzt, können Krankheitskeime ihre oberste harte »Hornschicht« kaum durchdringen. Außerdem sorgt der

Säuremantel der Haut, ein von unzähligen Schweißdrüsen erzeugtes saures Milieu, dafür, daß sich Krankheitserreger hier kaum vermehren.

Schutz im Inneren des Körpers

Die Schleimhäute, die erste Barriere für Erreger im Inneren des Körpers, ziehen sich durch die Luftwege hinein in die Lunge und durch die Speiseröhre hinunter in den Magen-Darm-Trakt. Da sie weich sind und ständig feucht, können hier schon eher Keime eindringen und sich vermehren. Die meisten Bagatellerkrankungen spielen sich an dieser Kontaktfläche zwischen Organismus und Umwelt ab: Husten, Schnupfen, Magenverstimmung, Durchfall.

Abwehrmechanismen

Doch auch die Schleimhaut verfügt über wirkungsvolle Abwehrmechanismen. Im gesunden Zustand ist sie mit zähflüssigem Schleim bedeckt, in dem sich viele Immunzellen (→ Seite 9) befinden, die jeden Eindringling sofort bekämpfen. Im Bereich der Atemwege wird der mit unschädlich gemachten Erregern und Schadstoffen durchsetzte Schleim von der unaufhörlichen Peitschbewegung mikroskopisch kleiner »Flimmerhärchen« in Richtung Nase und Mund befördert und dort durch Naseputzen, Abhusten mit nachfolgendem Ausspucken oder Verschlucken »entsorgt«.

»Wiege des Immunsystems«

Immunfunktionen im Verdauungstrakt: Hier, wo mit der Nahrung ständig Keime und Schadstoffe hereindrängen, schützt sich der Körper durch mehrere starke Abwehrmechanismen. Das erste Hindernis befindet sich im Mundraum, wo die Immunzellen (→ Seite 9) des Speichels eindringende Erreger frühzeitig stoppen. Das nächste Hindernis ist die Magensäure, in der nur wenige Krankheitskeime überleben. Den Darm schließlich kann man als eigentlichen Sitz unseres Immunsystems bezeichnen, da sich hier sehr viele Lymphorgane befinden, in denen unzählige Immunzellen (→ Seite 9) ständig abrufbereit sind. Weiterer Schutz für die Schleimhaut im Darm: ein Schleimüberzug sowie viele Milliarden »freundlicher« Bakterien (→ Seite 9).

Die Immunzellen: Wenn Krankheitserreger oder Schadstoffe die bisher beschriebenen Abwehrbarrieren durchbrechen und ins Gewebe eindringen, treten Immunzellen in Aktion, die durch das Blut und die Lymphflüssigkeit (→ Seite 9) an jeden Punkt des Körpers gelangen können.

Man unterscheidet mehrere wichtige Gruppen von Immunzellen. Die *Gedächtniszellen* »merken« sich beim Kontakt mit Krankheitserregern deren Struktur, darüber unterrichten sie bei erneutem Kontakt Tausende anderer Immunzellen, die für den direkten Kampf gegen die Eindringlinge zuständig sind. Die *Plasmazellen* erzeugen, angeleitet durch die Gedächtniszellen, Millionen unterschiedlich großer *Antikörper,* die sich den Erregern oder Fremdkörpern, auf die sie programmiert sind, anheften. So hemmen sie die Aktivität der Eindringlinge und machen sie kenntlich, zum einen für die *Freßzellen,* die nun die markierten Angreifer einfach verschlucken, zum anderen für das *Komplementsystem,* eine Gruppe von Chemikalien, die die Zellwand von Bakterien zersetzen kann. Die *Killerzellen* erkennen potentielle Schädlinge auch ohne Hilfe von Antikörpern und töten sie durch Aussendung von Giftstoffen. Wichtig sind ferner die *Helferzellen,* die das Immunsystem gewissermaßen anschalten, und die *Suppressorzellen,* die es nach getaner Arbeit wieder abschalten.

Immunzellen

Das Herz der Lymphbahnen

Im Lymphsystem, das als Netz von Lymphbahnen und Lymphknoten den ganzen Körper durchzieht, werden die Immunzellen auf ihre Aufgaben vorbereitet und zu ihren Einsatzorten im Gewebe und im Blut transportiert. An bestimmten Punkten erweitern und verzweigen sich die Lymphbahnen zu schwammähnlichen Gebilden, den Lymphknoten, die dicht an dicht entlang des Darms sitzen, aber auch um den Rachenraum herum und unter den Achseln. Die Mandeln und die Milz sind besonders große Lymphknoten, in denen mit Hilfe von Immunzellen Mikroorganismen, Reste abgestorbener Zellen, Giftstoffe und andere Fremdkörper aus der Lymphflüssigkeit »gefiltert« werden.
Leber und Niere gehören eigentlich nicht zum Immunsystem, dennoch sind diese Organe von großer Bedeutung für die Abwehrkraft des Organismus: Sie befreien den Körper von giftigen und unverträglichen Stoffen aller Art; bei Störungen entsteht ein »Schadstoffstau« im Körper.

Die Psyche – Geheimzentrale der Immunabwehr

Wie kommt es, daß alle bisher beschriebenen Funktionen des Immunsystems so wundervoll zusammenwirken, daß wir gesund bleiben, obwohl wir umgeben sind von Krankheitserregern, und sogar schwere Krankheiten überwinden? Aufgrund der Ergebnisse eines neuen Wissenschaftszweigs, der »Psychoneuroimmunologie«, läßt sich diese Frage eindeutig beantworten: Die zentrale Instanz liegt in der Psyche des Menschen. Man hat gemessen, daß die Immunabwehr geschwächt wird, wenn wir seelischen Belastungen ausgesetzt sind, und man weiß, daß der Körper immunschwächende Hormone produziert, wenn er unter Streß steht.

Steuerzentrale

Andererseits ist bekannt, daß selbst jemand mit einem schwachen Immunsystem sich erstaunlich rasch erholen kann, wenn er nach einer Phase des Pessimismus neue Hoffnung schöpft.

Körperlich gesehen, befindet sich die zentrale Koordinationsstelle des Immunsystems vermutlich im Gehirn und in dem komplizierten Netzwerk von Nerven und Hormondrüsen, durch die es seine Botschaften an den Rest des Körpers vermittelt (mehr darüber: Jean Achterberg »Heilung durch Gedankenkraft«, Bücher → Seite 93).

Wie sich die Abwehrkräfte beim Kind entwickeln

Immunität beginnt schon im Mutterleib. Im Bauch der Mutter ist das Baby vor Infektionen weitgehend geschützt, weil die meisten Erreger die Plazenta (die Verbindungsstation zwischen kindlichem und mütterlichem Organismus, durch die Nährstoffe zum Fötus hin und Schlacken hinaus transportiert werden) nicht passieren können. Weiteren Schutz erhält das Baby durch »IgG-Antikörper« aus dem Blut der Mutter, die aufgrund ihrer geringen Größe die Plazentaschranke durchdringen. Vom fünften Monat an beginnt das Immunsystem des Embryos, eigene Antikörper zu produzieren. Sie treten nur in den seltenen Fällen auf den Plan,

Geschützt im Mutterleib

wenn doch einmal Keime durch die Plazenta gelangen. Auch Freßzellen und Komplementsystem (→ Seite 9) entwickeln sich schon im Mutterleib und sind vom ersten Lebenstag an einsatzfähig.

Schutz fürs Leben

Bei der Geburt wird der kleine Mensch mit einem Schlag zahllosen Krankheitserregern ausgesetzt, vor denen er bisher geschützt war. Als Vorbereitung darauf bekommt er in den Stunden vor der Geburt einen letzten kräftigen Schub von IgG-Antikörpern aus dem Organismus der Mutter, der ihm für die ersten Lebensmonate einen gewissen (allerdings nicht ausreichenden) Schutz gegen alle dem Immunsystem der Mutter bekannten Erreger vermittelt.

Muttermilch bringt Abwehrkraft

»Rundum-schutz«

Mit der Muttermilch gibt die Mutter weitere größere Antikörpertypen an das Baby weiter, die sich entlang des Verdauungstrakts aufreihen und dem Kind einen praktisch optimalen »Rundum-Schutz« vor den meisten Erregern gewähren. Gerade die ersten Milchtropfen, auch »Vormilch« oder »Kolostrum« genannt, sind besonders reich an Antikörpern und deshalb sehr wichtig für den Schutz des Babys.

Nach etwa drei Monaten läßt der von der Mutter übernommene Immunschutz nach, und das Abwehrsystem des Babys übernimmt nach und nach alle Aufgaben selbst. Bis dahin mindestens sollten junge Mütter stillen. Aber auch längeres Stillen (etwa 6 Monate) ist von Vorteil, da Muttermilch einfach die ideale Nahrung für das Baby ist, leicht verdaulich und reich an genau den Nährstoffen, die es braucht.

Die Entwicklung der Bakterienflora

Erster Kontakt mit der Außenwelt

Der erste Kontakt des Babys mit den Mikroorganismen der Außenwelt findet beim Durchgang durch die Scheide der Mutter anläßlich der Geburt statt. Die hier nistenden Bakterien, Viren und Pilze gelangen auf die Haut, in den Mund und natürlich auch in den Genital- und Analbereich des Neugeborenen. Von dort wandern sie rasch ins Körperinnere, um sich – von der Nahrung des Babys miternährt – im Darm explosionsartig zu vermehren. Dieser Prozeß geht so schnell vonstatten, daß innerhalb von 48 Stunden nach der

Geburt der gesamte Darm mit Milliarden von Mikroorganismen besiedelt ist.

Hilfreiche Bakterien

Symbiose zwischen Mensch und Bakterien
Ist die Scheidenflora der Mutter gesund, übernimmt das Baby vorwiegend »freundliche« Bakterien, vor allem Bifidobakterien und Laktobazillen. Diese Keime leisten unschätzbare Unterstützung für die körpereigene Abwehr, indem sie Milchsäure und andere Substanzen produzieren, die eine Ausbreitung von Krankheitskeimen erschweren. Im Idealfall besetzen sie die gesamte Darmwand, so daß Krankheitserreger keinen Platz zur Ansiedlung finden. Die wenigen, die es dennoch schaffen, werden von den Immunorganen des Darms in der Regel leicht überwältigt.

Bei Mädchen spielt auch die Bakterienflora der Scheide eine wichtige Rolle beim Fernhalten von Krankheitserregern aus diesem Bereich. Wenn die Vaginalflora der Mutter gesund ist, übernimmt ein Mädchen bei der Geburt hier vor allem Laktobazillen, die sich in der Scheide ansiedeln.

Die weitere Entwicklung des Immunsystems

Training macht stark

Im Laufe der ersten Lebensjahre setzt sich das Immunsystem des Kindes der Reihe nach mit verschiedenartigen Krankheitserregern, Giften und Schadstoffen auseinander. Wenn alles gutgeht, übersteht das Kind diese Konfrontationen unbeschadet und ist dank der Gedächtniszellen für sein Leben gegen diese Erreger weitgehend »immun«.
Bei normaler Entwicklung wird das Immunsystem etwa bis zum zehnten Lebensjahr immer schlagkräftiger, danach nimmt seine Leistungsfähigkeit langsam wieder ab.

Die wunden Punkte des Immunsystems

Über eine Reihe schädlicher Einflüsse, die schwer zu schließende »Breschen« ins Immunsystem schlagen, informiere ich Sie im Folgenden; mit Fragen, Ihr Kind betreffend, wenden Sie sich bitte an Ihren Arzt.

Seele: die zentrale Instanz

Störungen des seelischen Gleichgewichts: Die psychische Einstellung eines Kindes und seiner Angehörigen entscheidet mehr als alles andere darüber, ob es gesund ist oder krank, infektanfällig oder nicht. Dies ist die wichtigste Mitteilung, die ich Ihnen in diesem Buch zu machen habe.
Bitte denken Sie daran, wenn später davon die Rede ist, wie das seelische Befinden Ihres Kindes zu seiner Infektanfälligkeit beitragen kann (→ Seite 19), und wie die Eltern ihr Kind in seelischer Hinsicht entlasten können (→ Seite 53).

Erreger können eindringen

Schäden an der Hautbarriere: Bei jeder Verletzung oder Schädigung der Haut dringen Infektionserreger in den Körper ein und verwickeln die Immunzellen im Blut in Abwehrkämpfe. Bei kleinen Kinderwehwehchen wie aufgeschlagenen Knien ist dieser Kampf bald zugunsten des Abwehrsystems entschieden. Anders bei hartnäckigen Hautbeschwerden wie Pickeln, Furunkelneigung, Ekzem, Ausschlag, Windelpilz, chronisch wundem Po oder übermäßiger Hauttrockenheit. Über die geschädigte Hautpartie können ständig Erreger eindringen, es entsteht ein hoher »Infektionsdruck«, der das Immunsystem sehr belastet.

Ständige Belastung

Schäden an der Schleimhaut der Atemwege: Bei vielen Kindern ist die Schleimhaut der Atemwege durch chronische Infekte oder Allergien ständig entzündet und geschwollen. Dies ist eine Belastung für das Immunsystem, erleichtert das Eindringen von Krankheitserregern und führt entweder zur übertriebenen Schleimproduktion oder zur Austrocknung der Schleimhaut. Wenn die Nase zuschwillt, ist das Kind gezwungen, durch den Mund zu atmen, dabei aber wird die Atemluft nicht ausreichend erwärmt und angefeuchtet. Die Folge: Mit der Zeit sterben die für den Abtransport des Schleims zuständigen Flimmerhärchen ab.
Schäden an der Darmschleimhaut: Durch chronische Entzündungen der Darmschleimhaut wird die Darmwand durch-

lässiger für Nahrungsmittelbestandteile, Schlackenstoffe, Krankheitserreger, Allergene und Gifte. Sie gelangen in den Blutkreislauf, wo sie das Immunsystem nur mit großem Aufwand bekämpfen und wieder beseitigen kann.

Störungen der gesunden Bakterienflora: Sind Darm- und Scheidenflora nicht gesund oder nur mangelhaft vorhanden, können sich Pilze und Bakterien breitmachen.

Das Abwehrsystem ist geschwächt

Störungen der Nährstoffversorgung: Unser Immunsystem kann ebenso wie jede einzelne unserer Zellen nur dann optimal funktionieren, wenn ihm ständig die richtigen Nährstoffe in der richtigen Menge zugeführt werden. Ein Mangel an bestimmten Vitaminen oder Mineralstoffen kann die Immunabwehr sehr beeinträchtigen.

»Lebensenergien«

Störungen der ultrafeinen Energien: In letzter Zeit mehren sich die wissenschaftlichen Beweise dafür, daß wesentliche Koordinations- und Kommunikationsvorgänge im Körper durch kaum meßbare elektromagnetische Felder und Schwingungen reguliert werden. Der Erfolg vieler naturheilkundlicher Diagnose- und Therapieverfahren, die ich Ihnen im Laufe des Buches vorstellen werde (zum Beispiel Homöopathie, Bach-Blüten, Kinesiologie, Elektroakupunktur) ist nur zu verstehen, wenn man um die Existenz ultrafeiner Energien weiß. Diese feinen Energien sind sehr störanfällig, unter anderem durch »Elektrosmog« (→ Seite 32), Umweltgifte, chronische Entzündungen oder seelische Belastungen.

Mögliche Ursachen

Das schwächt die Abwehrkräfte

- Psychische Belastungen: mangelnde Harmonie in der Familie, pädagogische Unsicherheit der Eltern, Schulprobleme,
- Nebenwirkungen ärztlicher Behandlung: Impfungen, fiebersenkende Mittel, Antibiotika, Kortison, Amalgam,
- moderne Lebensgewohnheiten: einseitige Ernährung, Bewegungsmangel, Reizüberflutung,
- Schadstoffbelastungen: »Wohngifte« (zum Beispiel Holzschutzmittel), Industrie- und Autoabgase,
- chronische Infektionen durch Bakterien, Viren, Pilze oder Würmer,
- Allergien, vor allem auf Nahrungsmittel, Pollen, Milben, Schimmelpilze, Tierhaare sowie Chemikalien in Nahrung, Textilien, Kosmetik, Reinigungsmitteln und Wohnumgebung,
- Vitamin- und Mineralstoffmangel,
- physikalische Einflüsse: Temperatur, Luftfeuchtigkeit, Luftdruckveränderungen, elektromagnetische Felder und radioaktive Strahlung,
- angeborene oder erworbene innere Ursachen: erblich bedingte Krankheiten und Organschwächen, Störungen während der Schwangerschaft, bei der Entbindung und in der Neugeborenenphase.

Also: Aktiv werden

Das stärkt die Abwehrkräfte

- saubere Luft und sauberes Wasser,
- frische Nahrungsmittel ohne Schad-, Konservierungs- und Farbstoffe sowie ausreichende Zufuhr von Vitaminen und Mineralstoffen,
- genügend Schlaf und Entspannung sowie regelmäßige Bewegung an der frischen Luft bei jedem Wetter,
- atmungsaktive und temperaturangepaßte Kleidung,
- ein harmonisches Familienleben, in dem jeder seinen Platz kennt und sich auf die anderen verlassen kann,
- das Gefühl, in den vielfältigen Situationen des Alltags aktiv sein zu können.

Ist Ihr Kind infektanfällig?

Gerade noch »normal« ist es wohl, wenn Ihr Kind zwei- bis dreimal im Jahr eine leichte Erkältung bekommt, die rasch wieder abklingt und keine länger anhaltende Schwäche während der Rekonvaleszenz nach sich zieht. Aber vieles, das gestern noch als normal galt, muß heute schon als Rarität eingestuft werden. Zu einer solchen »Rarität« ist leider auch der völlig gesunde Mensch geworden; im Rahmen dieser Entwicklung hat sich nach und nach unser Verständnis von dem, was »gesund« und was »krank« ist, gewandelt. »Das bißchen Husten, das ist doch ganz normal bei einem Kind, das viel draußen spielt«, heißt es heute schnell, wenn ein Kind ständig erkältet ist.

Realistisch beurteilen

Sie sollten das scheinbar Beruhigende solcher Gedankengänge nicht so einfach akzeptieren. Denn erstens ist es durchaus möglich, daß es Ihrem Kind mit der richtigen Unterstützung durch Sie und der rechtzeitigen Behandlung durch den Arzt heute und später erheblich besser gehen könnte.

Und zweitens verschließen Sie, wenn Sie den schlechten Gesundheitszustand Ihres Kindes als gegeben hinnehmen, die Augen vor schädigenden Einflüssen der Umwelt, die Grund sein können für seine Krankheitsneigung.

Daran erkennt man ein infektanfälliges Kind

Mögliche Anzeichen

- Ihr Kind ist schon als Baby öfter krank, quengelt häufig, schläft nicht durch oder trinkt nicht richtig, weil es Atmung und Schlucken schlecht koordinieren kann.
- Vom Beginn der Kindergartenzeit an leidet es unter einer Flut von Ansteckungen: Dauerschnupfen, Husten, Kinderkrankheiten (Masern, Mumps, Windpocken, Scharlach, Röteln) in rascher Folge.
- Auch als Schulkind ist es immer wieder krank, so daß es im Unterricht oft fehlen muß.
- Es wird für wenig begabt gehalten, weil es sich schlecht konzentrieren kann.

- Es wird öfter als dreimal pro Jahr krank.
- Es ist bei jeder Grippewelle und bei jeder Erkältung eines anderen Familienmitglieds mitbetroffen.
- Es braucht nur einmal nasse Füße zu haben oder im Kalten zu spielen, um am nächsten Tag krank im Bett zu liegen.
- Erkältungen verlaufen langwierig. Ihr Kind wird wochenlang nicht völlig gesund, sondern leidet weiter unter Laufnase und Husten.
- Es ist ständig blaß, »sieht schlecht aus« und hat meist dunkle Ringe um die Augen.
- Es reagiert auf mehrere verschiedene Substanzen allergisch.
- Es leidet unter Pilzerkrankungen (→ Seite 29).
- Einmal oder wiederholt treten Herpesattacken auf.
- Das Kind kann auch in psychischer Hinsicht überempfindlich sein: mimosenhaft, reizbar, hyperaktiv (ein »Zappelphilipp«), aggressiv oder depressiv, es fällt in der Schule durch Verhaltensstörungen, Konzentrations- und Leistungsschwäche auf.

Von einer Krankheit in die nächste – zum Arzt!

Was bedeutet Infektanfälligkeit für Sie und Ihr Kind?

Krank im Bett –

– statt gesund in der Schule

Ein infektanfälliges Kind hat es in vieler Hinsicht schwerer als seine Altersgenossen. Da es immer wieder in der Schule fehlt, bekommt es den Lernstoff nur lückenhaft mit und hat Mißerfolgserlebnisse aufgrund schlechter Leistungen. Erschwerend kommt meist eine Konzentrationsschwäche hinzu, das Kind scheint sich trotz guter Intelligenz nichts merken zu können, vergißt, was es als Hausaufgabe erledigen sollte, und erinnert sich im Unterricht nicht mehr an den Lernstoff des vorhergehenden Tages.
Körperlich ist es weniger belastbar als andere, so daß es leicht in die Rolle des Außenseiters gerät, der im Sportunterricht schwach ist, »nichts darf« und immer von seinen El-

Außenseiterrolle

tern überwacht wird. Wenn sie älter sind, müssen diese Kinder oft auf länger geplante größere Vorhaben mit Freunden verzichten, weil sie plötzlich krank werden.

Teufelskreis

Die Eltern reagieren auf diese Anfälligkeit häufig mit einer übermäßig beschützenden Haltung und lassen kaum selbständige Schritte zu, worunter wiederum das kindliche Selbstbewußtsein leidet. Statt dessen spielt der kleine Dauerpatient oft die Rolle des Nesthäkchens, in der er von den anderen Familienmitgliedern rund um die Uhr Verständnis und Hilfsbereitschaft erwartet.

Auch die Eltern sind überfordert

Das alles ist für die ganze Familie nicht einfach, denn die ständigen Krankheiten des Kindes zehren an der Energie der Eltern. Oft leiden sie unter chronischem Schlafmangel, weil sie immer wieder mitten in der Nacht aufstehen, das Kind zu sich ins Bett nehmen, den Arzt holen oder zu einer Apotheke fahren. Auch tagsüber beansprucht die Anfälligkeit des Kindes viel Zeit. Sind die Eltern beide berufstätig oder erzieht ein Elternteil allein, müssen sie wegen der Krankheiten des Kindes oft kurzfristig von ihrer Arbeitsstelle fernbleiben, was möglicherweise zu Spannungen mit dem Arbeitgeber, finanziellen Einbußen, vielleicht sogar zu Geldsorgen führt. Selbst Freizeit und Erholung können zu kurz kommen: Die Reise zur Oma am Wochenende oder der Urlaub muß plötzlich ausfallen oder abgebrochen werden.

Wo es nicht gelingt, die Infektanfälligkeit in den Kinderjahren zu mildern, wird später der Jugendliche und Erwachsene von den bereits genannten Problemen begleitet bleiben. Auch die Wahl eines Berufes ist für infektanfällige junge Menschen nicht ganz einfach, da sie den Belastungen eines normalen Arbeitsalltags oft nicht gewachsen sind.

Warnsignale erkennen

Soweit aber muß es nicht kommen, wenn Eltern frühzeitig die Warnsignale erkennen, systematisch Vorsichtsmaßnahmen ergreifen und vor allem rechtzeitig mit ihrem Kind zum Arzt gehen.

Mögliche Ursachen der Infektanfälligkeit

Zunächst stelle ich Ihnen die möglichen Faktoren vor, die bei der Infektanfälligkeit von Kindern beteiligt sein können.

Bitte beachten Sie: Im Folgenden sind schädigende Einflüsse (Lebensweise, Umwelt) als mögliche Ursachen von Infektanfälligkeit ebenso genannt wie akute und chronische Erkrankungen. Da das Immunsystem meist durch mehrere Faktoren belastet ist, dürften jeweils einige davon bei einem Kind eine Rolle spielen.
Lesen Sie dieses Kapitel bitte in Ruhe durch – sollten Ihnen dabei bestimmte Faktoren auffallen, die bei Ihrem Kind in Betracht kommen könnten, müssen Sie diese Vermutungen vom Arzt klären lassen. Bestimmend für den Erfolg einer Behandlung ist stets das rechtzeitige Erkennen der Erkrankung!

Wichtig

Infektanfällig durch psychische Belastungen

Eltern im Zweifel: Wie sollen wir das Kind erziehen?

Zur eigenen Meinung finden

Die wirtschaftlichen, kulturellen und sozialen Umwälzungen dieses Jahrhunderts haben dazu geführt, daß praktisch alle traditionell bewährten Methoden und Ideen rund ums Kinderkriegen heute in Frage gestellt werden. Eltern wissen nicht, ob sie überhaupt Kinder haben wollen, und wenn ja, wie sie die Kinder erziehen sollen: ob mit klar gesetzten Grenzen oder »antiautoritär«. Selbst über die richtige Kinderernährung gibt es hunderterlei Meinungen. Oft sind die Eltern in Erziehungsfragen ständig uneins und lassen sich vom Kind gegeneinander ausspielen.
Wenn Eltern ihnen jedoch keinen Halt, keine Werte und keine klaren Lebensperspektiven vermitteln, werden Kinder verunsichert und anfällig für fragwürdige Wertvorstellungen, die von Medien, Altersgenossen und Verwandten auf sie einstürmen. Ein labiles seelisches Gleichgewicht kann sie langfristig auch anfällig machen für Infektionskrankheiten.

Überforderung durch zuviel Leistungsdruck

Das Kind nicht überfordern

Zu hohe Leistungserwartungen der Eltern und die gestiegenen Anforderungen der heutigen Schulausbildung können das Kind überlasten und zu seiner Infektanfälligkeit beitragen. Wenn Eltern auf die schlechten Schulleistungen ihrer Kinder mit Enttäuschung, Strafpredigten und vermehrtem Druck reagieren, geben sich die Kinder bald auf und verlieren jede Hoffnung auf Anerkennung. Auch durch das prinzipiell gut gemeinte, stundenlange Pauken am Nachmittag (»Das üben wir jetzt, bis du es kannst«) ist das Kind bald überfordert.

Besonders sinnfällig sind die Zusammenhänge zwischen Leistungsdruck und Infektanfälligkeit, wenn das Kind starke Medikamente wie fiebersenkende Mittel, Antibiotika, Kortison (→ Seite 21) bekommt und die Eltern es zu früh (»Es hat ja kein Fieber mehr«) in die Schule schicken, damit es nichts versäumt. Dort sitzt es matt herum und lernt wenig, da es im Grunde immer noch krank ist. Sein Immunsystem aber wird durch solche Roßkuren langfristig sehr geschwächt.

Familiäre Teufelskreise, die belasten

In der Familie kann es zu verschiedenen Teufelskreisen kommen, die die Infektanfälligkeit des Kindes verstärken.

Was die Anfälligkeit verstärkt

- Die verständliche Sorge der Eltern um die schlechte Gesundheit des Kindes löst beim Kind Ängste und Unzulänglichkeitsgefühle aus, die wiederum sein Immunsystem schwächen (→ Seite 13).
- In den Köpfen der Eltern spukt eine Fülle widersprüchlicher Informationen herum, weil sie in ihrer verständlichen Sorge immer neue Ärzte konsultieren, mit Bekannten und Verwandten über ihr Kind sprechen und begierig die Meldungen der Medien aufsaugen, die ihr Kind betreffen könnten. Die daraus fast sicher resultierende Verwirrung vermittelt dem Kind den beängstigenden Eindruck, es habe eine seltene und seltsame Krankheit, bei der niemand richtig helfen kann.
- Weitere Belastungen entstehen, wenn die Eltern mit der Zeit zumindest unbewußt eine ablehnende, von unterdrück-

ter Aggression geprägte Haltung dem Kind gegenüber entwickeln, weil sie sich nervlich überfordert und in ihrer Entfaltung behindert fühlen. Es kommt zu Schuldgefühlen auf beiden Seiten: Die Eltern werfen sich vor, daß sie auf ihr offenkundig krankes Kind nicht immer richtig, sprich hilfsbereit reagieren; das Kind bekommt das Gefühl, es sei schuld an aller Unruhe und allen Konflikten in der Familie.

Schuldgefühle

Wenn die familiäre Situation nicht gefestigt und ruhig ist, sind solche Spannungen nur schwer zu überwinden. Oft haben sie Verhaltensstörungen beim Kind (Hyperaktivität, Gereiztheit, Aggressivität, ständiges Nörgeln, Depressivität) zur Folge, die natürlich auch wieder Reaktionen von anderen Familienmitgliedern herausfordern und zum allgemeinen Durcheinander beitragen. In einer derartigen Atmosphäre kann es mit der Gesundheit des Kindes schwerlich bergaufgehen.

Nebenwirkungen ärztlicher Behandlung

Medizinische Maßnahmen, die eigentlich der Bekämpfung oder Verhütung von Infektionskrankheiten dienen sollten, können das Immunsystem schwächen, so daß sie nicht selten den Startschuß für die Entwicklung der Infektanfälligkeit abgeben.

Dauerschäden durch Impfungen: Bei Impfungen bringt man inaktivierte Erreger oder deren Bestandteile in den Körper ein, um das Immunsystem für den Ernstfall, die Abwehr von Infektionskrankheiten, zu trainieren. Sehr viele Kinder fühlen sich in den Tagen und Wochen nach einem solchen Eingriff schwach und matt.

Training des Immunsystems –

Im besten Fall erfüllen Impfungen den ihnen zugedachten Zweck insofern, als sie tatsächlich später den Ausbruch der jeweiligen Krankheiten verhindern. Dennoch zeigen ultrafeine Testmethoden (→ Seite 36) häufig, daß die Viren und Bakterien, gegen die geimpft wurde, unterschwellig im Körper aktiv bleiben, das Immunsystem belasten und unklare Beschwerden auslösen (zum Beispiel leichtes Fieber, Gliederschmerzen und Mattigkeit). Im schlimmsten Fall können Impfungen Dauerschäden hervorrufen, von Infektanfälligkeit

– kann zur Belastung werden

bis hin zu Behinderungen. Außerdem können sie Allergien auslösen, da die Impfstoffe zum Teil auf Hühnereiweiß basieren (Diagnose von Impfschäden → Seite 41, ärztliche Behandlung → Seite 72).

Heilsames Fieber –

Unterdrücktes Fieber: Eines der wichtigsten Mittel, das dem Organismus zur Bekämpfung von Krankheitserregern zur Verfügung steht, ist das Fieber. Manchmal wird es voreilig medikamentös gesenkt. Was dabei im Körper passiert, ist bisher wissenschaftlich nicht erforscht. Man weiß aber, daß Menschen, bei denen im Kindesalter das Fieber medikamentös unterdrückt wurde, später kaum noch Fieber bekommen und zu chronischen Infektionskrankheiten neigen (ärztliche Behandlung von fiebrigen Infekten → Seite 82).

– nicht unterdrücken

Antibiotika und die Darmflora: Diese Mittel können viele bakterielle Erkrankungen binnen kurzem zum Abklingen bringen, können lebensrettend sein, haben aber Nebenwirkungen. Sie schädigen die für unsere Gesundheit wichtige Darmbakterienflora und bereiten den Boden für hartnäckige und immunschwächende Pilzinfektionen des Darms (→ Seite 29). Sie belasten das kindliche Immunsystem so sehr, daß die Kinder häufig schon nach drei Wochen einen Rückfall erleben.

Lebensrettend –

Nebenwirkungen von Kortison: Kortison wird eingesetzt, wenn es keinen anderen Weg gibt, eine Überreaktion des Immunsystems zu beseitigen, vor allem bei lebensbedrohlichen allergischen Beschwerden wie Asthma und Pseudokrupp sowie bei hartnäckigen Hautallergien. Kortison unterdrückt (wie sein natürliches Vorbild, das Nebennierenhormon Cortisol) nahezu alle Funktionen des Immunsystems; deshalb geht auch die allergische Überreaktion dadurch alsbald zurück.

– aber auch schädigend

Bei regelmäßiger Anwendung hat Kortison allerdings Nebenwirkungen: Das Kind bekommt ein aufgequollenes Gesicht, neigt zu Übergewicht, die Haut wird dünn und pergamentartig, Lebertätigkeit und Blutbildung können gestört werden, die Nebenniere kann die Fähigkeit, selbst Cortisol zu bilden, verlieren. Da Kortison die vielen Immunzellen im Darm lahmlegt, die sonst die Ausbreitung schädlicher Erreger begrenzen, zieht sich jeder, der regelmäßig Kortison nehmen muß, mit einiger Sicherheit eine Pilzinfektion des Darms zu (→ Seite 29).

Quecksilbervergiftung

Schleichende Vergiftung durch Amalgam: Dieses seit seiner Erfindung im letzten Jahrhundert umstrittene Zahnfüllungsmaterial besteht zum großen Teil aus giftigem Quecksilber. Amalgamplomben werden im Lauf der Jahre durch die Säure des Speichels zersetzt, so daß der Organismus schleichend vergiftet wird. Typische Beschwerden bei chronischer Quecksilberbelastung sind: Kopfschmerzen, Kreislaufstörungen, Haut- und Darmerkrankungen, Allergien (Diagnose → Seite 46).

Der alltägliche Zivilisationsstreß

Hilfreiches, das uns krank macht

Vieles, das heute unsere »Lebensqualität« verbessern soll, beispielsweise Maschinen, Autos, Einmalwindeln, Zentralheizung, elektronische Medien, Lebensmittel aus aller Herren Länder, hat Belastungen und Mangelzustände mit sich gebracht, die unseren Organismus infektanfälliger machen. Dazu gehören Schadstoffe, Hektik, Bewegungsmangel, Reizüberflutung, schlechte Ernährung (zum Beispiel durch »Fast Food«), mangelnde Abhärtung.

Was uns täglich umgibt

Schadstoffbelastungen: Die chemische Industrie hat zahllose Substanzen auf die Welt losgelassen, auf die unser Immunsystem nicht vorbereitet war, da sie früher nicht existierten, insbesondere:

Krank durch Essen

- Konservierungs-, Farb- und Aromastoffe in der Nahrung, die wir jeden Tag zu uns nehmen. Sehr viele Kinder reagieren darauf allergisch.
- Phosphate, eine Substanzgruppe, die vor allem bei der Herstellung von Wurst, Schmelzkäse und Pudding eingesetzt wird und bei vielen Kindern Hyperaktivität (→ Seite 46) auslöst.
- Pestizid- und Düngemittelrückstände in Trinkwasser und landwirtschaftlichen Produkten, zum Beispiel das Unkraut-

vernichtungsmittel MCPA und Nitrate, die sich im Körper in krebserregende Stoffe verwandeln können.

- Autoabgase, Emissionen von Industriebetrieben, Ozon, in ländlichen Regionen auch Schwaden von Gülledunst oder Pflanzenschutzmitteln. All dies verpestet die Luft und schädigt die Atemwege.
- Wohngifte in gängigen Baumaterialien: Formaldehyd (Desinfektions- und Konservierungsmittel), PCP (Holzschutzmittel), PCB (Weichmacher für Kunststoffe), Lindan (Insektenbekämpfungsmittel), Dioxin (Insektenbekämpfungsmittel und Rückstand aus Verbrennungsprozessen), Dichlorbenzol (Lösungsmittel und Insektenbekämpfungsmittel), Toluol (Lösungsmittel in Lacken und Holzschutzmitteln). Diese Substanzen schwächen das Immunsystem, machen infektanfällig und können Gehirnschäden hervorrufen, die sich durch Konzentrationsschwäche, Gedächtnisausfälle oder schrittweise Verblödung äußern. Auch die vielgepriesenen »Bio«farben und -lacke sind nicht unbedenklich, da die darin konzentriert enthaltenen natürlichen Öle für viele Menschen unverträglich sind.

Wohngifte

- Chlor, Tenside und andere schädliche Chemikalien in Haushaltsreinigern, Körperhygieneprodukten und Kosmetika.
- Verschiedene »textilveredelnde« Chemikalien, die oft noch nach mehrfachem Waschen ausdünsten.
- Giftige Schwermetalle wie Blei (ruft bei chronischer Belastung Mattigkeit, Blässe, Kopf- und Gliederschmerzen, Intelligenzdefekte hervor), Cadmium (zehnmal giftiger als Blei, verursacht bei chronischer Belastung Störungen des Zellstoffwechsels, Immunschwäche und Trockenheit des Nasen-Rachen-Raums, blockiert die Aufnahme des lebenswichtigen Mineralstoffs Zink), Platin (führt bei chronischer Belastung zu Immunschwäche und Allergien, insbesondere Asthma), Quecksilber (→ Seite 23). Diagnose von Schadstoffbelastungen → Seite 43, Schadstoffe vermeiden → Seite 61, ärztliche Behandlung schadstoffgeschädigter Kinder → Seite 72.

Schwermetalle

Ernährungsfehler: Wir essen zu rasch, zu viel, zu fett und zu süß. Gründe: Süßigkeitenwerbung, Rückgang kalorienzehrender körperlicher Tätigkeiten, Herunterschlingen der Mahlzeiten wegen des hektischen Tagesablaufs. Ein zusätzliches Problem: Da infektanfällige Kinder mitunter sehr wählerisch sind, was das Essen angeht, geraten Eltern leicht in Versuchung, ihnen das zu geben, was sie noch am ehesten mögen, Süßspeisen und Süßigkeiten nämlich. Die Folgen sind mangelhafte Verdauung und verminderte Nährstoffaufnahme, Übergewicht, Infektanfälligkeit (Warnzeichen → Seite 48, Abhilfe → Seite 56 und 76).

Über die Ernährung und das Essen

Aufputschmittel: Auch Kinder bekommen heute oft schon Aufputschmittel in Form von koffeinhaltigen Getränken: Cola, Kaffee, schwarzer Tee. Sie treiben den Körper dazu an, Streßhormone auszuschütten und die eigenen Energiereserven anzugreifen. Auf die Dauer führt Koffein zur Erschöpfung der Hormondrüsen und zu Abhängigkeit.

Vorsicht bei Süßem

Auch Süßigkeiten muß man zu den Aufputschmitteln zählen, da sie den Blutzuckerspiegel plötzlich hochtreiben, so daß man sich vorübergehend energiegeladen fühlt. Wer sich regelmäßig durch Süßigkeiten aufpeitscht, schwächt seine Abwehrkraft, indem er seinen Hormonhaushalt durcheinanderbringt und die für die Regulierung der Blutzuckerwerte zuständige Bauchspeicheldrüse überlastet (Ernährungsalternativen → Seite 56, ärztliche Behandlung der Bauchspeicheldrüse → Seite 77).

Bewegungsmangel – Ursachen: Fernsehen, Videospiele, Autos. Folgen: ungenügende Muskel- und Skelettentwicklung, schlechte Durchblutung, geringe Belastbarkeit, Infektanfälligkeit (Abhilfe → Seite 59).

Mangelnde Abhärtung – Ursachen: Überheizte Räume, zu warme Kleidung, Körperhygiene nur mit Warmwasser, Mangel an körperlicher Aktivität im Freien. Folgen: schlechte Durchblutung, geringe Belastbarkeit, Infektanfälligkeit (Abhilfe → Seite 60).

Die Technik hat uns »im Griff«

Geistige Überlastung – Ursachen: Reizüberflutung durch moderne Medien, Freizeitelektronik, Alltagshektik, Verkehrslärm. Folgen: geistige Starrheit, mangelnde Aufnahmefähigkeit, Infektanfälligkeit (Abhilfe → Seite 60).

Infektanfällig durch Allergien

Der Begriff »Allergie« bedeutet, daß der Körper allergisch, »andersartig« reagiert und einen übertriebenen Angriff gegen bestimmte Substanzen startet, die ein intaktes, nicht allergisch reagierendes Immunsystem »mit links« erledigen würde, zum Beispiel geringe Mengen von Pollen, Schimmelpilzsporen oder Chemikalien. Die wichtigsten Allergietypen:

Der Körper reagiert zu stark

Typ 1: Sofort nach Kontakt mit dem Allergieauslöser werden im Körper Stoffe (unter anderem Histamin) ausgeschüttet, die zu Rötungen und Schwellungen der Haut und der Schleimhäute führen.

Typ 2: Das Immunsystem greift körpereigene Zellen an, an die sich bestimmte eingedrungene Fremdkörper geheftet haben. Folge: örtliche Entzündungen und Schmerzen, im Extremfall schwere Bluterkrankungen.

Allergie-Typen

Typ 3: Einige Stunden nach dem Kontakt mit dem Allergieauslöser kommt es örtlich zu Entzündungen und Schmerzen (an der Hautoberfläche, aber auch an inneren Organen oder im Gehirn).

Typ 4: Die Entzündung tritt erst viele Tage nach dem ersten Kontakt mit dem Allergieauslöser auf. Typisches Beispiel: Allergien auf nickelhaltigen Modeschmuck.

Neben diesen klassischen Allergietypen gibt es »Pseudoallergien«, bei denen der Organismus nicht auf kleinere Mengen einer bestimmten Substanz allergisch reagiert, sondern erst dann, wenn ihm diese Substanz (insbesondere Nahrungsmittel) in größeren Mengen zugeführt wird. Eine pseudoallergische Reaktion liegt zum Beispiel vor, wenn ein Kind ein halbes Glas Milch gut verträgt, nach Verzehr von einem halben Liter Durchfall und Kopfschmerzen bekommt.

Es gibt immer mehr Allergiker

Wir beobachten heute zwei parallel verlaufende gleichermaßen beängstigende Entwicklungen: Erstens werden die Immunsysteme der Menschen immer schwächer (ablesbar unter anderem an der im Durchschnitt sinkenden Zahl von Immunzellen im Blut), zweitens leiden immer mehr Menschen (und zwar gerade diejenigen mit schwachen Immunsystemen) unter Allergien. Würde man die einzelnen Immunzellen mit einem Heer von Soldaten vergleichen, das den Körper gegen Feinde verteidigen soll, müßte der Frontbericht so lauten: Ein Großteil der Soldaten tritt gar nicht erst zur Schlacht an, der Rest schlägt in blinder Verzweiflung um sich (deshalb die Allergien).

»Frontbericht«

Das erhöht die Allergieneigung:

- chronische Virus- und Pilzinfektionen (→ Seite 29 und 30)
- Belastungen durch Schadstoffe und Chemikalien in Lebensmitteln, Kosmetika, Reinigungsmitteln, Textilien, Inneneinrichtung und Baustoffen (→ Seite 23)
- manche Medikamente und medizinischen Maßnahmen (→ Seite 21)

Bleibt das Kind von diesen Belastungen weitgehend verschont, hat es – auch bei allergischer Veranlagung – gute Chancen, daß bei ihm der allergische Symptomkomplex (→ Tabelle auf Seite 46) gar nicht erst zum Ausbruch kommt.

Folgeerkrankungen von Allergien

Allergien bereiten in vielen Fällen den Boden für bakterielle Infektionen, da sich die Erreger in den geschwollenen Schleimhäuten von Augen, Nase, Rachen und Bronchien leicht einnisten können, so daß es zu Bindehautentzündungen, Schnupfen, Halsschmerzen und schwerem Husten kommt.

Wenn sich Bakterien einnisten

Solche Bakterieninfektionen lassen sich nur dann mit dauerhaftem Erfolg behandeln, wenn die Allergie als eigentliche Ursache erkannt und in die Behandlung einbezogen wird. Gerade viele altbewährte Hausmittel gegen Erkältung können hier fehl am Platze sein, weil sie durch allergische Mechanismen die Krankheit verstärken. Heiße Milch mit Honig zum Beispiel wirkt wie Gift auf Pollen- oder Milchallergiker; frisch gepreßter Orangensaft kann wegen der Behandlung mit Chemikalien schaden.

Die Ursache erkennen, ärztlich behandeln

Auch Pilze, Viren und Parasiten haben bessere Chancen auf durch Allergien geschwächten Schleimhäuten. Im Darmbereich geraten außerdem Schadstoffe und Nahrungsmittelbestandteile vermehrt durch die allergisch geschwollene

Schleimhaut ins Gewebe und verursachen dort wieder neue allergische Reaktionen (Diagnose von Allergien → Seite 46, Selbsthilfemaßnahmen → Seite 63, ärztliche Behandlung → Seite 75).

Auch eine Ursache: Mineralstoff- und Vitaminmangel

Lebenswichtige Nährstoffe

Sehr viele Menschen sind heute nicht ausreichend versorgt mit lebenswichtigen Nährstoffen, vor allem Vitaminen, Mineralstoffen und Spurenelementen, also Stoffen, die der Körper nur in »Spuren« braucht. Eine der möglichen Folgen ist Infektanfälligkeit.

Die Gründe für Mangelzustände

Gründe für einen Nährstoff- und Vitaminmangel:

- Die einseitige Zusammensetzung der industriell verarbeiteten supermarktüblichen Nahrung, die dem Körper bestimmte Mineralstoffe vorenthält und andere geradezu raubt: Phosphate und Zitrusfrüchte zum Beispiel sind »Calciumräuber«.
- Die Nährstoffarmut unserer landwirtschaftlich genutzten Böden. Deshalb enthalten auch frisches Gemüse und Obst nicht mehr ausreichend Vitamine und Mineralstoffe.
- Belastungen durch Umweltgifte, die der Körper nur durch erhöhten Vitamin- und Mineralstoffverbrauch bewältigen kann.
- Störungen der Nährstoffaufnahme im Körper (Resorptionsstörungen) infolge von Pilzerkrankungen im Darm, die dem Körper Nährstoffe rauben und die Schleimhaut so schädigen, daß sie Nährstoffe nur mangelhaft aufnimmt; Störungen des Säure-Basen-Gleichgewichts im Darm, die zu Schleimhautschwellungen führen; Störungen des Zellstoffwechsels, weil an bestimmten Verbindungsstellen giftige Schwermetalle sitzen, die die Aufnahme lebenswichtiger Spurenelemente verhindern (Diagnose von Nährstoff- und Vitaminmangelzuständen → Seite 48, ärztliche Behandlung → Seite 76 und 80).

Chronische Infekte schwächen

Wer schon eine Krankheit hat, bekommt leicht eine weitere. Denn das Immunsystem ist mit der ersten Krankheit so beschäftigt, daß es wenig Kraft zur Abwehr anderer Erreger oder Schadeinflüsse hat. Ein infektanfälliges Kind kann unter schwelenden Infekten durch Bakterien, Pilze, Viren oder Würmer leiden, die sein Immunsystem ständig belasten und schwächen. Nur der Arzt kann diese Art der Belastung diagnostizieren und behandeln.

Schwelende Infekte?

Chronische bakterielle Infektionen

Sie können den Körper an verschiedenen Stellen belasten und so die Abwehr schwächen.

Bei Beschwerden –

Atemwege: chronische Bronchitis, Dauerschnupfen, Nebenhöhleninfekte, Ohrenentzündungen, chronische Mandelentzündung.

Haut: Akne, Pickel, Furunkel, eitrige Infektionen der aufgekratzten Hautbereiche (bei Neurodermitikern), wunder Po.

Harnwege: Blasen- und Nierenentzündungen, die in der chronischen Form bis auf ein leichtes Fieber fast keine Beschwerden verursachen und deshalb oft unerkannt bleiben (in diesem Fall drohen langfristig Blutarmut und Nierenschäden); bei Mädchen außerdem Vaginalinfekte.

Darm: Magen-Darm-Beschwerden durch Besiedlung mit schädlichen Bakterien. Sie treten oft nach Schädigungen der gesunden Darmflora durch Medikamente (→ Seite 22) oder nach Kaiserschnitt auf.

– immer zum Arzt!

Nervensystem: Schädigung zum Beispiel durch Borreliose, eine hartnäckige Krankheit, die durch Zecken übertragen wird, aber auch von Tieren und Menschen, die mit Zecken in Kontakt waren.

Pilzinfektionen

Sie sind immer gefährlich, weil Pilze immunschwächende Gifte absondern und sehr oft Allergien auslösen. Sie breiten sich aus

im Darm: Hefepilzinfektionen – häufig, da fast unausweichlich, wenn die Bakterienflora des Darms durch Antibiotika geschädigt wird. Hefepilze können den Gallengang so verstopfen, daß von dort zu wenig Gallenfarbstoffe in den Darm transportiert werden.

Pilze sondern Gifte ab

auf der Haut: Infektionen durch Hefe- und andere Pilze (vor allem als Windelpilz, Fußpilz, Nagelpilz) sowie an Hautbereichen, die durch Schuppenflechte, Ausschlag oder Aufkratzen vorgeschädigt sind.
auf der Schleimhaut: Hefepilzinfektionen, insbesondere auf der Zunge und im gesamten Mundbereich (»Mundsoor«), in der Vagina vor der Pubertät noch relativ selten, nach Beginn der Pubertät häufiger.

Virusinfektionen

Viren nisten sich häufig auf Dauer im Körper ein. Die Infektion flammt immer wieder auf, wenn das Immunsystem durch andere Faktoren geschwächt wird. Häufige Viruserkrankungen, die natürlich ärztliche Behandlung erforderlich machen:

Häufige Viruserkrankungen

Pseudokrupp: vor allem bei Allergikern auftretende Virusinfektion im Kehlkopfbereich, deren Ausbrechen durch Luftschadstoffe und feuchtkühle Witterung gefördert wird.
Herpes: kommt immer wieder, erkennbar an den typischen Bläschen im Lippenbereich, oft auch im Genitalbereich.
Chronisches Epstein-Barr-Virus: schon bei Kindern sehr verbreitet und gefährlich, weil immunschwächend. Symptome: grippeähnlich, Lymphknotenschwellungen, Müdigkeit.
Toxoplasmose: wird durch Katzenkot übertragen. Symptome: grippeähnlich, Lymphknotenschwellungen, Zysten.

»Klassische« Kinderkrankheiten

Mumps-, Masern-, Röteln-, Windpocken- und Keuchhustenviren: Diese für die bekannten Kinderkrankheiten verantwortlichen Viren können sich im Körperinneren dauerhaft einnisten und Schäden an inneren Organen verursachen. Dies geschieht gerade bei geimpften Kindern: Die Krankheit wird nicht durch äußere Beschwerden ausgelebt und schwelt im Verborgenen (Thema Impfungen → Seite 21). Besonderes Problem: Oft vermehren sich die Viren in der Bauchspeicheldrüse und behindern so die Produktion von Verdauungssäften.

Wurmerkrankungen

Sie haben in den letzten Jahren deutlich zugenommen. Würmer schwächen den Organismus, indem sie ihm Nährstoffe aus der Nahrung vorenthalten. Außerdem scheiden alle Darmparasiten Stoffe aus, die bei ihrem Wirt Allergien bis hin zu schlimmen Beschwerden wie Asthma oder allergischem Schock auslösen können.

Darmparasiten

Madenwürmer kommen bei Kindern häufig vor (erkennbar an Afterjucken), sind aber relativ harmlos.
Gefährlicher sind die anderen Wurmarten:
Spulwürmer breiten sich im ganzen Körper aus,
Rinderbandwurm verursacht Bauchschmerzen, Verdauungsstörungen und psychische Krankheitssymptome,
Schweinebandwurm kann Hauttumore sowie Augen- und Gehirnschäden wie Epilepsie verursachen,
Fischbandwurm verursacht Blutarmut, indem er dem Körper Vitamin B 12 raubt,
Echinokokken verursachen große Zysten in Lunge, Bauchfell und Gehirn, die nur operativ entfernt werden können,
Fuchsbandwurm setzt sich in der Leber fest und zerstört sie innerhalb von Jahrzehnten.

»Krankmacher« Wetter

Hier kommen sie, die zu recht seit alters her gefürchteten Stolpersteine der Infektanfälligen: Zugluft, kalte oder nasse Füße, verschwitzt im Freien spielen, aufgedeckt im Bett liegen, das Hemd nicht in die Hose stecken, so daß die Kälte an die Nieren dringt.

Nicht Ursache –

Alle diese Faktoren begünstigen zwar die Entstehung akuter Infekte, sind aber eigentlich nicht Ursachen der Infektanfälligkeit (es sei denn, ein Kind muß längerfristig Kälte und Nässe ertragen, weil das Geld für Heizung und warme Winterkleidung fehlt).

– von Infektanfälligkeit

Als weitere klimaabhängige Auslöser für akute Infektionen (bei Kindern mit entsprechender Empfindlichkeit) kommen in Frage: Hitze in Verbindung mit Zugluft, plötzliche Regenfälle mit und ohne Gewitter, Tauwettereinbrüche, Nebeltage und Föhn. Auch das plötzliche Absinken der Temperaturen zum Herbstanfang, Austrocknung der Schleimhäute durch trockene Luft während der Heizperiode (Gegenmaßnahme Abhärtung → Seite 60) und sogar Vollmond (Gegenmaßnahmen → Seite 88) können zur Infektanfälligkeit beitragen.

Elektrosmog, die unsichtbare Gefahr

Der »Wellensalat«, der uns umgibt

Überall, wo Menschen Funkanlagen oder elektrische Geräte betreiben, entstehen elektromagnetische Felder. In Industrieländern sind derartige Installationen sehr dicht gesät – angefangen mit dem Elektrogerätepark eines Durchschnittshaushalts über Bürocomputer und batteriebetriebene Radios, Radiowecker und Armbanduhren bis hin zu Hochspannungsleitungen, Fernsehsendern, Radaranlagen und Mobilfunknetzen. Es läßt sich unschwer erahnen, welcher »Wellensalat« uns ständig unsichtbar umgibt und – da menschliches Gewebe kein Hindernis für elektromagnetische Felder darstellt – durch unseren Körper hindurchzieht.

Mögliche Folgen

In letzter Zeit mehren sich die Beweise dafür, daß dieser »Elektrosmog« unseren Organismus beeinträchtigt. Mögliche Folgen sind Immunschwäche, Allergien (es gibt Kinder, die auf bestimmte Frequenzen mit allergischen Attacken reagieren), Kopfschmerzen, Störungen der geistigen Leistungsfähigkeit, Mißbildungen (wenn die Schwangere unter »Elektrostreß« litt), möglicherweise aber auch Tumorerkrankungen. Eine neuere, noch unveröffentlichte schwedische Studie ergab, daß unter dem Einfluß der Strahlung aus Fernseh- oder Computerbildschirmen sechsmal mehr Quecksilber abgeschieden wird als normalerweise aus Zahnplomben in die Mundhöhle (Maßnahmen gegen Elektrosmog → Seite 63).

Infektanfällig von Geburt an

Oft werden die Grundlagen für die spätere Anfälligkeit eines Menschen schon vor oder kurz nach der Geburt gelegt. Im Folgenden erfahren Sie, welche Einflüsse dabei eine Rolle spielen können. Schwangere sollten sich von einem Arzt mit Erfahrung in Homöopathie, Nosoden- und Nährstofftherapie (Adressen → Seite 91) betreuen lassen, um den genannten Schadfaktoren nach Möglichkeit vorzubeugen.

Einflüsse vor und kurz nach der Geburt

Infektanfällig durch genetische Vorbelastung

Erbanlagen

Manche Menschen bringen aufgrund ihrer Erbanlagen eine »schwache Konstitution« mit auf die Welt. Sie müssen aber nicht infektanfällig werden, wenn ihre Mütter während der Schwangerschaft und Sie selbst in der Kindheit weitgehend von schädlichen Einflüssen verschont bleiben. Kommen aber andere nachteilige Faktoren hinzu, ist wohl mit einer Infektanfälligkeit zu rechnen.

Durch Tests nicht vorhersagbar

Ob ein Kind eine schwache Konstitution haben wird, läßt sich durch medizinische Tests nicht vorhersagen (es sei denn, es liegen schwerwiegende anlagebedingte Chromosomenstörungen wie Down-Syndrom vor). Es ist aber bekannt, daß ältere Mütter eher mit Schwangerschafts- oder Geburtskomplikationen rechnen müssen als jüngere, und daß mit zunehmendem Alter der Eltern vermehrt Kinder mit angeborenen Chromosomenstörungen auf die Welt kommen. Außerdem habe ich folgende Beobachtung gemacht: Ist ein Elternteil infektanfällig oder Allergiker, sind mit fünfzigprozentiger Wahrscheinlichkeit auch die Kinder betroffen; sind beide Eltern infektanfällig oder Allergiker, vererben sie diese Veranlagung mit nahezu hundertprozentiger Wahrscheinlichkeit auf alle ihre Kinder. Diese Beobachtung gilt auch für die allergisch bedingten Erkrankungen wie Rheuma, Schlafstörungen, Migräne, Hyperaktivität sowie die Darmentzündungen Colitis ulcerosa und Morbus Crohn.

Störungen in der Reifungsphase

Durch jede Störung der Entwicklung im Mutterleib wächst das Risiko, daß das Kind infektanfällig auf die Welt kommt.

Mögliche Schädigung des Kindes –

Mögliche Gefahren für das Ungeborene:

- Nebenwirkungen von Medikamenten aller Art, insbesondere während der ersten drei Monate,
- Chemikalienbelastungen im Haushalt oder am Arbeitsplatz (→ Seite 23), vor allem in den letzten drei Monaten, wenn sich das Gehirn entwickelt. Deshalb als Schwangere auf keinen Fall Renovierungsarbeiten vornehmen (etwa im Kinderzimmer), beziehungsweise mit Holzschutzmitteln, Lacken oder Farben hantieren.
- Amalgam-Plomben sollten nicht während der Schwangerschaft entfernt werden – Gefahr der Quecksilbervergiftung des Embryos.
- Alkohol – behindert die Nährstoffversorgung des Babys, überschwemmt es mit Stoffwechselschlacken, weil die Leber der Mutter nicht richtig arbeitet,
- Tabakrauch, auch passiv eingeatmet – führt zum Absterben kleiner Blutgefäße in der Plazenta, gefährdet die Sauerstoff- und Nährstoffversorgung des Kindes, erhöht so das Risiko einer Frühgeburt. Spätfolgen: geringe Intelligenz, mangelhafte schulische Leistungen,
- mit Pestiziden, Konservierungs- oder Farbstoffen belastete Nahrungsmittel, zum Beispiel Zitrusfrüchte und Weintrauben (→ Seite 23).

– während der Schwangerschaft

Abwehrschwach durch chronische Erkrankung

Ärztliche Behandlung

Alle chronischen Krankheiten, etwa Darmentzündungen, Nieren- und Leberstörungen, Diabetes, Bluthochdruck, Fettstoffwechselstörungen, Erkrankungen der Schilddrüse, machen infektanfällig.

Bitte beachten Sie: Alle in diesem Kapitel genannten Krankheiten können nur vom Arzt diagnostiziert, und müssen von ihm behandelt werden.

Den Ursachen auf der Spur

In diesem Kapitel informiere ich Sie darüber, wie durch genaue Beobachtung und ärztliche Untersuchung zu erkennen ist, *welche* der zahlreichen möglichen Ursachen für die Infektanfälligkeit eines Kindes verantwortlich sind.

Die eigene Beobachtung

Sie als Eltern können viel zur Diagnosestellung durch den Arzt beitragen, indem Sie im Alltag darauf achten, wie Ihr Kind sich verhält, wie es aussieht und welche Krankheitszeichen auftreten. Auch Ihr Kind kann mithelfen, indem es erzählt, wie es sich fühlt, wo es Schmerzen hat, wie es ihm nach Verzehr bestimmter Speisen geht oder wie es das Familienklima empfindet.
Hören Sie geduldig und aufmerksam zu, wenn Ihr Kind Ihnen etwas über sich mitteilt, und fragen Sie es öfter nach seinem Befinden. Reservieren Sie jeden Tag oder zumindest alle paar Tage etwas Zeit, in der das Kind Gelegenheit hat, in Ruhe mit Ihnen zu sprechen.

Zuhören, aber nicht voller Angst

Sehr wichtig ist allerdings, daß sich Beobachtung und Austausch selbstverständlich zugewandt in einer eher sachlichen Atmosphäre vollziehen und nicht von Angst geprägt sind. Ihr Kind darf nicht das Gefühl bekommen, daß Sie es ängstlich beobachten, jeden seiner Schritte überwachen oder mit gespannter Sorge auf Beschwerden geradezu »warten«.

Unersetzlich: Die ärztliche Untersuchung

Wichtig: Rechtzeitig zum Arzt

Ein erfahrener Arzt kann durch eine gründliche Untersuchung auch ohne Labortests sehr viel über die Infektanfälligkeit Ihres Kindes herausfinden. Da er in der Regel schon zahlreiche Patienten mit ähnlichen Symptomen gesehen hat, ist er besser als jeder andere in der Lage, den Schweregrad der Krankheit Ihres Kindes zu beurteilen und in bedrohlichen Situationen die richtige Behandlung einzuleiten.
Eine gründliche ärztliche Untersuchung fängt bei den Zehenspitzen an und hört bei den Haaren auf. Dabei achtet der

Arzt auf Ausschlag und Entzündungen an Haut und Schleimhäuten, auf druckempfindliche Punkte oder Bereiche, hört die Lunge auf verdächtige Geräusche ab und stellt Ihnen und dem Kind detaillierte Fragen zur Krankheitsgeschichte. Wenn Sie Ihr Kind beobachtet haben (→ Seite 35), können Sie ihm jetzt wertvolle Hilfe leisten.

Diagnosemethoden

Ein Arzt hat eine Vielzahl von Verfahren zur Verfügung, mit deren Hilfe er eine Diagnose absichern oder sie stellen kann. In der Schulmedizin bewährte Verfahren werden im Folgenden nicht vorgestellt. Neuere, von naturmedizinisch therapierenden Ärzten angewandte Diagnosetechniken aber möchte ich erläutern, weil sie weniger bekannt sind.

Die Messung »ultrafeiner« Energien

»Lebensenergien« –

Wie bereits erwähnt (→ Seite 14), gibt es in unserem Körper feine Energieströme oder Schwingungen, die vermutlich für die Steuerung unserer Lebensprozesse entscheidend, aber mit herkömmlichen Diagnoseverfahren nicht nachweisbar sind. Diese Energieströme reagieren als erste auf schädliche Einflüsse, die von außen auf den Organismus einwirken, lange bevor wir krank werden oder bevor sich beispielsweise eine Allergie entwickelt.

– so kann man sie messen

In den letzten Jahrzehnten hat man verschiedene Instrumente entwickelt, mit denen sich Störungen der »ultrafeinen Energien« völlig schmerzlos messen lassen: Elektroakupunktur, Vega-Test, Mora-Test und das Bicom-Verfahren (Therapeuten, die damit arbeiten → Seite 91). Obwohl seit Jahren von vielen Ärzten, Zahnärzten und Heilpraktikern mit gutem Erfolg eingesetzt, sind sie bisher medizinisch nicht anerkannt. Ich setze diese Verfahren ein, wenn herkömmliche Diagnostik nicht weiterführt, vor allem zur Austestung von Schadstoffbelastungen, Nährstoffmangelzuständen und schwelenden Infekten sowie zur Ermittlung des richtigen Mittels in Homöopathie (→ Seite 66), Nosoden- (→ Seite 69) und Nährstofftherapie (→ Seite 70).

Die genannten Tests werden von den Kassen oft erst dann bezahlt, wenn nachgewiesen werden kann, daß einem Kind nur auf diese Weise zu helfen war.

Fragen Sie Ihren Arzt

Kinesiologischer Muskeltest

Einfache Diagnose-Technik

Dieses Testverfahren kann bei richtiger Anwendung einen Großteil der genannten Verfahren zur Messung ultrafeiner Energien ersetzen (wird allerdings ebenso wie diese von den Kassen meist nicht erstattet). Es handelt sich um eine verblüffend einfache Diagnosetechnik, die, einmal gründlich erlernt, zu jeder Tageszeit an jedem beliebigen Ort auch für Eltern zur Verfügung steht. Voraussetzungen sind allerdings eine gewisse Übung und ein Vertrauensverhältnis zwischen der testenden Person und dem Kranken.

Der kinesiologische Muskeltest beruht auf der Erkenntnis, daß gewisse Muskeln in unserem Körper geschwächt werden, wenn störende Einflüsse auf bestimmte mit ihnen in Verbindung stehende Organe oder Energieleitbahnen (die aus der chinesischen Medizin bekannten »Meridiane«) einwirken. Andererseits werden die Muskeln wieder stark, wenn man die Störeinflüsse durch die richtigen therapeutischen Maßnahmen oder Mittel ausgleicht.

Die Praxis

In der Praxis sieht das etwa so aus: Um zu prüfen, ob ein Patient auf eine bestimmte Speise allergisch reagiert, legt der Therapeut ihm ein Fläschchen mit diesem Nahrungsmittel auf die Brust und testet dann die Stärke der Armmuskeln. Wird die Armmuskulatur dadurch geschwächt, ist erwiesen, daß der Patient die Speise nicht gut verträgt.

Ebenso läßt sich testen, welches Homöopathikum für einen Patienten am besten geeignet ist, indem ihm der Therapeut nacheinander verschiedene in Frage kommende Mittel auf die Brust legt und sie testet.

Auch für Laien

Wer sich näher für diese Methode interessiert, sollte Kontakt mit einem kinesiologischen Institut (Adressen → Seite 91) aufnehmen, um dieses Testverfahren dort gründlich zu erlernen. Mit Hilfe des kinesiologischen Muskeltests lassen sich Speisen, Hygieneprodukte, Kleider und so weiter schon vor dem Kauf darauf testen, ob sie für das Kind verträglich sind.

Wichtig

Bitte beachten Sie: Der kinesiologische Test bringt nur dann zuverlässige Ergebnisse, wenn man gründlich darin ausgebildet wurde und gelernt hat, verschiedene Fehlerquellen zu vermeiden. Laien können diesen Test nur durchführen, wenn sie ihn sicher beherrschen; sonst sollte das Kind von einem damit vertrauten Therapeuten (Adressen → Seite 91) getestet werden.

Der Nosodentest

So wird getestet

Um die Empfindlichkeiten eines Menschen mit ultrafeinen Methoden zu testen, braucht man nicht die Substanz, die ihn belastet. Es genügt schon, eine homöopathische Zubereitung dieser Substanz, eine sogenannte Nosode, während des Tests auf den Körper zu legen. Besonders erfreulich ist das im Fall von gefährlichen Substanzen wie Lindan oder Dioxin, da man nicht mit konzentrierten Giftstoffen hantieren muß (mehr über die Zubereitung von Nosoden und die Therapie → Seite 69).

Von den Symptomen zur Ursache

Im folgenden Überblick ist die Bedeutung einiger häufig auftretender Symptome genannt. Wenn Sie auf diese Anzeichen achten, können Sie Ihrem Arzt helfen, das Spektrum möglicher Ursachen für die Infektanfälligkeit Ihres Kindes einzuengen.

Symptome bei Babys	Mögliche Erkrankung
das Baby leidet ständig unter Bauchkrämpfen und schreit übermäßig viel	Hinweis auf Allergie (Diagnose → Seite 46)
das Baby nimmt kaum zu und sieht graublaß aus	Hinweis auf unentdeckte Infekte (vor allem der Harnwege), die Blutarmut verursachen (Diagnose durch Blut- und Urintest)
Symptome bei Klein- und Schulkindern	**Mögliche Erkrankung**
Blässe, Augenringe, keine Lust zum Spielen und Appetitmangel	Hinweis auf Blutarmut (Diagnose durch Blut- und Urintest), verursacht durch unentdeckte Infekte (vor allem in Harnwegen oder Nebenhöhlen (Diagnose → Seite 50), oder Hinweis auf Lebensmittelallergien (Diagnose → Seite 46)
plötzliche Ohnmachtsanfälle bei jungen Mädchen	Hinweis auf Blutarmut, die durch unentdeckte Infekte (vor allem der Harnwege) verursacht ist (Diagnose → Seite 50)
übelriechender Stuhl und Blähungen	Hinweis auf Darmstörungen, vor allem Hefepilzerkrankungen (Diagnose → Seite 50)
Bettnässen und übergroße Ängstlichkeit	Hinweis auf Nierenerkrankungen (Diagnose → Seite 50)

Von den Symptomen zur Ursache

Symptome bei Klein- und Schulkindern	Mögliche Erkrankung
psychische Symptome wie apathisches Verhalten, Leistungsabfall in der Schule, übermäßige Gereiztheit und Aggressivität	Hinweise auf seelische Probleme (Diagnose → Seite 41), Allergien (Diagnose → Seite 46) oder schwelende Infektionen (Diagnose → Seite 49), Schwermetallvergiftungen
Einschlafstörungen	Hinweis auf Magnesiummangel (Diagnose → Seite 49)
Schlafmangel durch innere Anspannung	Hinweis auf seelische Probleme (Diagnose → Seite 41) oder Allergien (Diagnose → Seite 46)
Schnupfen mit grünem oder gelbem Ausfluß	verursacht durch Bakterien
Schnupfen mit wäßrigem Ausfluß	verursacht durch Viren, kann aber auch Hinweis sein auf Allergien (Diagnose → Seite 41)
Hautrötungen, blasse oder rote Flecken im Gesicht, rote Ohren, Ausschlag, Ekzem, Reizhusten ohne Erkältungsanzeichen, Atemnot nach kleinen Anstrengungen	Hinweise auf Allergien (Diagnose → Seite 41)
belegte Zunge	Hinweis auf Pilzinfektionen (Diagnose → Seite 50)
Heißhunger auf Süßigkeiten	Hinweis auf Pilzinfektionen (→ Seite 50) oder Hypoglykämie (→ Seite 45)

Wie man psychische Belastungen aufspürt

Es gibt drei Möglichkeiten, den Ursachen näherzukommen:

- Ehrliche Selbstbeobachtung: Denken Sie darüber nach, ob psychische Belastungsfaktoren (→ Seite 19) für Ihr Kind existieren beziehungsweise in Ihrer Familie vorhanden sind. Wenn ja, bemühen Sie sich um Abhilfe (→ Seite 53).
- Fragen Sie Ihr Kind, was es bedrückt. Seine Antwort wird Sie möglicherweise überraschen, aber den Ursachen näherbringen. Wahrscheinlich ergeben sich aus dem Gespräch Möglichkeiten, gemeinsam etwas zu seiner Entlastung und zur Verbesserung des Familienfriedens zu tun.
- Untersuchung bei einem Psychologen, am besten mit familientherapeutischer Ausbildung (Adressen → Seite 91).

Nachdenken, beobachten, fragen

So erkennt man Schäden nach medizinischer Behandlung

Impfschäden lassen sich durch intensive Beobachtung des Kindes nach der Impfung feststellen. Jedes ungewöhnliche Verhalten – von Schlafstörungen über häufiges Schreien bis hin zu Konzentrationsstörungen – kann auf eine Impfschädigung hinweisen. Wenn die Impfungen längere Zeit zurückliegen, läßt sich durch ultrafeine Testmethoden (→ Seite 36) anhand von Impfstoffnosoden (→ Seite 38) überprüfen, ob noch eine Belastung vorliegt. Die Nosoden dienen dann auch der Behandlung (→ Seite 72).

Testen lassen

Gestörte Fieberbildung erkennt man daran, daß die Körpertemperatur eines Kindes bei Infektionskrankheiten nie über 38 °C ansteigt. Meist ist in solchen Fällen die Zahl der weißen Blutkörperchen (der Immunzellen) zu gering, was sich durch Labortests nachweisen läßt.

Der Arzt stellt die Diagnose

Allergien auf Antibiotika erkennt man durch ultrafeine Tests (→ Seite 36) mit Antibiotika-Nosoden (→ Seite 38).

Schäden der Darmflora durch Antibiotika oder Kortison lassen sich durch Stuhluntersuchungen (→ Seite 50), durch Messung des »Antikörpertiters« gegen Hefepilze (→ Seite 50) und durch Pilznosoden (→ Seite 38) nachweisen.

Andere Schäden durch Kortison erkennt man an den typischen Symptomen der Kortisonvergiftung (→ Seite 22).

Auch daran denken

Schäden durch Amalgam kann ein ganzheitlich orientierter Zahnarzt (Adressen → Seite 91) diagnostizieren. Belastungen lassen sich auch durch Quecksilbernosoden (→ Seite 38) und den Chelattest (Adressen → Seite 91) nachweisen.

Diagnose von Zivilisationsstreß

Absoluten Schutz vor Schadstoffen gibt es nicht. Sie können dafür sorgen, daß Ihr Kind diesen Belastungen möglichst wenig ausgesetzt ist. Dazu ist zu klären: Welche Belastungen sind in der Umgebung Ihres Kindes vorhanden, unter welchen leidet es besonders?

Die Schadstoffbelastung prüfen

Sie können einiges selbst tun

Zum einen müssen Sie herausfinden, ob und in welchem Ausmaß das Kind gefährlichen Schadstoffen ausgesetzt ist, zum anderen, ob Ihr Kind auf diese oder andere Schadstoffe überempfindlich reagiert (etwa mit einer Allergie). Gehen Sie zunächst »Ihrer eigenen Nase nach«, fragen Sie auch Ihr Kind, durch welche Gerüche es sich gestört fühlt und in welchen Zimmern es sich gern aufhält. Außerdem helfen Beobachten und Nachdenken.

Die folgende Liste hilft Ihnen, mögliche Schadstoffquellen zu erkennen. Verzweifeln Sie nicht daran, daß man einigen davon – etwa Autoabgasen – kaum ausweichen kann. Um den Gesundheitszustand Ihres Kindes zu verbessern, ist es nicht nötig, *alle* Schadstoffbelastungen abzustellen, sondern es kommt darauf an, ihre Gesamtmenge zu reduzieren. Das läßt sich bei den meisten hier genannten Belastungen mit einfachen Maßnahmen erreichen (→ Seite 53).

Holen Sie sich Hilfe vom Fachmann

Können Sie Schadstoffquellen nicht allein ausfindig machen, bitten Sie einen umweltmedizinisch geschulten Arzt oder einen baubiologischen Berater (Adressen → Seite 91) um Hilfe.

Davon gehen Schadstoffbelastungen aus

Mögliche Schadstoffquellen

- *Blei:* hohe Belastungen vor allem in Großstädten und in der Nähe von großen Verkehrsadern (wegen der Abgase von Autos, die noch nicht bleifrei fahren), in alten Wasserleitungen und manchen Wandfarben
- *Cadmium:* hohe Belastung, wenn das Kind oft Zigarettenrauch einatmen muß oder Pilze ißt
- *Dichlorbenzol:* in Mottenschutzmitteln und Raumluftverbesserern enthalten
- *Diesel- und Benzinabgase:* hohe Belastung in Großstädten und in der Nähe von Autobahnen und Bundesstraßen, in ländlichen Gebieten oft hohe Dieselabgasbelastung durch Traktoren
- *Dioxin:* → PCP, außerdem häufig vorkommender Verbrennungsrückstand aus Müllverbrennungsanlagen und Hausbrand
- *Formaldehyd:* in Spanplatten, Spanplattenmöbeln, Verbundplatten, Mineralwolle, Glasfaserwolle
- *Kerosin* (Flugbenzin): hohe Belastungen in der Nähe von Flughäfen und unter Einflugschneisen
- *Lindan:* → PCP
- *MCPA* (Pflanzenschutzmittel): kommt oft im Trinkwasser vor
- *Ozon:* hohe Belastungen mittlerweile fast überall – in Großstädten wegen Autoabgasen, in Reinluftgebieten wegen erhöhter UV-Strahlung
- *PCP* (Insektenvernichtungsmittel): in Dachstühlen, Holzständerkonstruktionen von Fertighäusern, Teppichböden, Wandverkleidungen aus Holz
- *PCB* (Weichmacher für Kunststoffe): in Teppichböden, Kohlepapier, Transformatoren und Leuchtstoffröhren, Computern, Fernsehern
- *Platin:* hohe Belastungen in Großstädten und entlang großer Verkehrsadern
- *Pyrethroide:* hohe Belastungen auf allen Blumen aus dem Blumengeschäft, außerdem durch Flohhalsbänder für Haustiere

Mögliche Schadstoffquellen

● *Quecksilber:* Belastung durch Amalgamplomben, auch regelmäßiger Verzehr fetter Fischsorten (Makrele, Lachs, Thunfisch, Hering) erhöht die Belastung
● *Toluol:* hohe Belastungen aus Lacken, Holzschutzmitteln, Farben kurz nach dem Verstreichen
Ist Ihr Kind diesen Schadstoffen ständig ausgesetzt, tragen sie wahrscheinlich zu seiner Infektanfälligkeit bei.

So werden belastende Materialien, Hausstaub und Raumluft getestet

Wenn verdächtige Möbel oder Baumaterialien nicht älter sind als zwei/drei Jahre (danach ist ein Großteil der Gifte verdunstet), lassen sich Schadstoffe oft durch eine Raumluftuntersuchung nachweisen. (Vor dem Test längere Zeit nicht lüften, die Schadstoffkonzentration würde dadurch sofort steil absinken.) Später läßt sich die Belastung oft noch im Hausstaub oder den verdächtigen Materialien nachweisen (Laboradressen → Seite 91).

Tests und Meßmethoden

Blut- und Urintests: Chemikalien lassen sich in Blut oder Urin nachweisen, wenn die Vergiftung erst wenige Tage zurückliegt; diese Mittel werden im Körper schnell in andere Substanzen umgewandelt oder im Fett abgelagert. Schwermetall läßt sich im Urin durch Chelattests (Adresse → Seite 91) und durch Haarmineralanalyse nachweisen (Laboradressen → Seite 91).
Ultrafeine Meßmethoden: (→ Seite 36) mit Hilfe von Nosoden (→ Seite 38) der verdächtigen Schadstoffe. Hiermit erhält man klare Ergebnisse, die sofort für die Behandlung (→ Seite 69) genutzt werden können.

Die Klärung der Schadstoffbelastung mit Hilfe der genannten Methoden ist eine wichtige Voraussetzung für die Behandlung eines Kindes. Als Beweis in Schadensersatzprozessen werden die Ergebnisse nach bisheriger Erfahrung kaum anerkannt. Die Kassen übernehmen die Kosten für die Tests in der Regel nicht.

Ernährt Ihr Kind sich richtig?

Einmal pro Tag etwas Süßes in Form eines süßen Nachtischs ist genug. Wenn Ihr Kind zu jeder Mahlzeit etwas Süßes ißt und/oder zwischen den Mahlzeiten regelmäßig nascht, ißt es »zu süß« (Abhilfe → Seite 56). Ist es ohne Süßigkeiten energielos und unzufrieden, liegt entweder Pilzbefall im Darm vor (→ Seite 29) oder eine Hypoglykämie (Abhilfe → Seite 56), die man an Chrommangel (→ Seite 77) erkennt oder durch einen »Glukosetoleranztest« beim Arzt.

Zu süß?

Wenn Ihr Kind übergewichtig ist oder bei bestimmten Speisen eindeutig »zu viel« ißt, etwa drei Teller Milchreis oder sechs Stücke Kuchen, spricht das dafür, daß es unter Nährstoffmangel, Allergien oder Störungen des Blutzuckerspiegels leidet (Abhilfe → Seite 56, 63 und 76).

Zu fett?

Wenn Ihr Kind zu jeder Mahlzeit Vollmilchprodukte, Butter, Sahne, Käse, Wurst und Fleisch verzehrt, ißt es »zu fett« (Abhilfe → Seite 56).

Wenn es ganze Bissen unzerkaut hinunterschlingt oder während des Essens schon ans Spielen mit seinen Freunden oder an eine kurz darauf beginnende Fernsehsendung denkt, ißt es »zu hastig« (Abhilfe → Seite 56).

Wenn Ihr Kind mehr als einmal im Monat Cola, Kaffee oder schwarzen Tee trinkt, läuft es Gefahr, nach dem Aufputschmittel Koffein süchtig zu werden. Für ein infektanfälliges Kind ist jedes Gramm Koffein ein Gramm zuviel.

Bewegungsmangel, fehlende Abhärtung und geistige Überlastung?

Wenn Ihr Kind nicht täglich mindestens eine Stunde im Freien spielt oder sich auf andere Weise bewegt (beispielsweise radfährt), leidet es bestimmt unter Bewegungsmangel (Abhilfe → Seite 59).

Spielen im Freien?

Für eine mangelnde Abhärtung spricht, wenn Ihr Kind den Aufenthalt in überheizten Räumen bevorzugt, am Meer oder im Schwimmbad nicht ins kalte Wasser gehen mag und sich Gesicht, Hände und Körper am liebsten mit warmem Wasser wäscht (Abhilfe → Seite 60).

Müssen Sie Ihrem Kind Dinge oft mehrmals sagen, bevor Sie überhaupt zu ihm durchdringen? Dann ist es wahrscheinlich geistig überlastet (Perzeptionsstörung). Im Hintergrund stehen meist familiäre Streitigkeiten, schulische Überforderung, zu viel Fernsehen und die ständige Beschäftigung mit Videospielen (Abhilfe → Seite 60) oder das hyperkinetische Syndrom (Hyperaktivität).

Allergie-Symptome, Tests

Allergien rechtzeitig erkennen

Allergien können vielfältige körperliche und seelische Symptome hervorrufen, bei denen der allergische Hintergrund auf den ersten Blick oft nicht erkennbar ist. Es gibt jedoch Hinweise auf Allergien – sprechen Sie mit Ihrem Arzt darüber.

Hinweise auf Allergien

- *Atemwegsbeschwerden:* Heuschnupfen, Asthma, Bronchitis, Polypen, Nebenhöhlenbeschwerden, chronische Erkältung; bei Kleinkindern auch häufige Erkältungskrankheiten, verstopfte Nase, Atemnot, häufiges Husten, häufige Ohrenschmerzen, übermäßiges Sabbern.
- *Hautbeschwerden:* Juckreiz, Ausschlag, Schwellungen, Ekzem; bei Kleinkindern auch Windelpilz.
- *Darmbeschwerden:* Blähungen, Verstopfungen, Durchfall; bei Kleinkindern auch auffällig häufige und lang andauernde Unterleibskrämpfe, häufiges Erbrechen.
- *Hyperaktivität:* Die Kinder sind rastlos und dauernd in Bewegung, reizbar und impulsiv, stören andere Kinder, fangen vieles an, führen aber nichts zu Ende, zappeln dauernd, können sich nicht längere Zeit konzentrieren und sind leicht ablenkbar, können nicht abwarten, neigen zu starken Stimmungsschwankungen und Wutausbrüchen.
- *Andere Symptome:* starkes Schwitzen, Kopfschmerzen, Depressivität; bei Kleinkindern auch übermäßiges Bedürfnis nach ständiger Aufmerksamkeit, häufiges Schreien oder Weinen ohne erkennbaren Grund.

Achten Sie auch auf diese Anzeichen

Einfach und billig: Der Speicheltest

Falls Sie nicht wissen, ob Ihr Kind Allergiker ist, kann zunächst einmal eine Messung des pH-Werts im Speichel Klarheit bringen. Diese Maßeinheit drückt aus, wie sauer oder basisch eine Flüssigkeit ist.
Kaufen Sie in der Apotheke Indikator-Papier für den pH-Bereich zwischen 6,0 und 8,0 (Hersteller: Merck). Lassen Sie Ihr Kind morgens vor dem Frühstück einen Streifen von diesem Papier in den Mund nehmen (oder darauf spucken), so daß der Streifen feucht wird. Warten Sie dann 40 Sekunden, und vergleichen Sie die eingetretene Verfärbung des Streifens mit der mitgelieferten Farbskala, um den pH-Wert zu ermitteln.

Was Ihnen die Werte sagen

- Bei pH-Werten über 7 liegt meist eine Pseudoallergie (→ Seite 26), eine Hefepilzinfektion des Darms (→ Seite 29) oder eine Phosphatempfindlichkeit vor (→ Seite 23).
- Bei pH-Werten unter 6,5 liegt mit hoher Wahrscheinlichkeit eine echte Allergie vom Typ 1 vor (→ Seite 26).
- Werte zwischen 6,6 und 6,8 sind im Grunde normal, können aber auch auftreten, wenn das Kind gleichzeitig unter Pilzinfektionen im Darm und unter Typ-1-Allergien leidet.

Ein Tip: Messen Sie auch bei anderen Familienmitgliedern! Zeigen sich ungewöhnliche Werte, sind sie, je nach Meßergebnis, entweder gemeinsam von Hefepilzinfektionen betroffen oder haben einander die Empfindlichkeiten vererbt.

Zum Arzt!

Je nachdem, wie der Speicheltest ausfällt, können nun weitere Untersuchungen eingeleitet werden: Allergiediagnostik (→ Seite 46), Suche nach Pilzinfektionen (→ Seite 50).

So findet man die Allergieauslöser

Für die Behandlung Ihres Kindes ist für den Arzt wichtig zu wissen, auf welche Stoffe es allergisch reagiert. Dabei kann man auf verschiedene Weise vorgehen.

Vom Arzt testen lassen

- Besonders aussagekräftig sind ultrafeine Testmethoden (→ Seite 36), bei denen man die verdächtige Substanz direkt (oder in einem Glasbehälter) auf die Haut des Kindes hält.
- Die üblichen Allergietests (RAST, Pricktest, Pflastertest, Reibtest und andere) bringen bei Kindern unter zehn Jahren häufig keine klaren Ergebnisse, außerdem sind sie mit Unannehmlichkeiten (Blutabnahme, Injektionen unter die Haut) verbunden. Ultrafeine Testmethoden können bei jüngeren Kindern besser zur Klärung beitragen.
- Nahrungsmittelallergien können Sie manchmal selbst herausfinden: Lassen Sie verdächtige Nahrungsmittel (zum Beispiel Milch, Eier oder Weizen) eine Zeitlang weg, und führen Sie sie dann probeweise in kleinsten Mengen wieder ein (Weglaßdiät). Falls die Symptome zunächst verschwinden und dann wiederkehren, liegt mit hoher Wahrscheinlichkeit eine Lebensmittelallergie oder -pseudoallergie vor.

Selbst herausfinden –

– nur unter ärztlicher Aufsicht!

Wichtig: Alle Allergietests, auch die »Weglaßdiät«, sollten unter ärztlicher Überwachung durchgeführt werden, da beim Testen mitunter lebensbedrohliche Beschwerden (anaphylaktischer Schock) auftreten können (besonders gefährlich: Nüsse, Eier, Milch).

Wenn es an Mineralstoffen und Vitaminen fehlt

Die üblichen Laborverfahren zur Bestimmung von Mineralstoff- und Vitaminmangel sind leider nicht sehr zuverlässig. Ich orientiere mich bei der Diagnose an den Symptomen und an ultrafeinen Tests.

Ultrafeine Tests (→ Seite 36) sollten sowohl mit homöopathisch potenzierten (→ Seite 69) Mineralstoffen als auch mit den in Frage kommenden Vitamin- und Mineralstoffpräparaten durchgeführt werden.

Mangelerscheinung	Symptome
Calciummangel	zu weiche Nägel, dünne Haare, schlechtes Wachstum
Eisenmangel	Blässe, Augenringe, Schwäche, Infektanfälligkeit, morgendliche Abgeschlagenheit
Magnesiummangel	nervöse Unruhe, nächtliche Wadenkrämpfe, Einschlafstörungen und Verstopfung (bei werdenden Müttern vorzeitige Wehen)
Zinkmangel	weiße Flecken auf den Nägeln, Aggressivität, Hautsymptome
Vitamin-A-Mangel	Nachtblindheit, starke Infektanfälligkeit, Störungen der Knochen- und Zahnschmelzentwicklung
Vitamin-B-6-Mangel	Fehlen der Traumerinnerung

So erkennen Sie Mangelzustände

Sichere Anzeichen für chronische Infekte

Fragen Sie Ihren Arzt

Bakterielle Infekte: Die klassischen Anzeichen für Bakterieninfektionen waren vormals Fieber und vermehrtes Vorkommen weißer Blutkörperchen in Urin und Blut. Diese Merkmale sind heute nur noch begrenzt aussagekräftig, da die Immunsysteme vieler Menschen auf bakterielle Infektionen mittlerweile viel schwächer reagieren als früher. Folgendes ist deshalb bei einer Diagnosestellung zu beachten:

- Chronische Mandelentzündungen erkennt man an der Schwellung und der Rötung der Mandeln sowie mit Hilfe von Abstrichen.
- Chronische Bakterieninfektionen der Bronchien sind wahrscheinlich, wenn das Kind immer wieder Husten mit leichter Temperatur (37,5 bis 38,0 °C) hat.

- Chronische bakterielle Nebenhöhleninfektionen erkennt ein Hals-Nasen-Ohrenarzt mit Hilfe von Ultraschall (Röntgen ist dann nicht erforderlich) und an der Farbe des Nasensekrets (grün oder gelb).
- Bei chronischen Harnwegsinfektionen sind die Bakterien nicht immer in gleichem Maß im Urin nachweisbar. Deshalb sollte man den Urin bei entsprechendem Verdacht (Blutarmut → Seite 39) vorsichtshalber drei- oder viermal untersuchen lassen. Eventuell beteiligte Anomalien des Harnleiters sind durch Kontrastmittelaufnahmen nachzuweisen.

Gehen Sie zum Arzt –

- Borrelieninfektionen (→ Seite 29) erkennt man an den Symptomen (leichtes Fieber, Gliederschmerzen, Kopfschmerzen, Nervenstörungen wie Lähmungen und Ausfälle des Tastsinns, Konzentrationsschwäche). Im Blut erfolgt der Nachweis durch einen sogenannten KBR-Test (Labor).
- Auch durch Nosoden (→ Seite 38) lassen sich bakterielle Infektionen nachweisen.
- Wenn der Einsatz von Antibiotika aus bestimmten Gründen unumgänglich ist, sollte zuvor im Labor durch ein »Antibiogramm« ermittelt werden, welches Medikament gegen die Bakterien tatsächlich hilft.

– er stellt die Diagnose

Hefepilzinfektionen: Typische Beschwerden sind Durchfall, Verstopfung, Blähungen, übelriechender Stuhl, Allergie-Neigung, Störungen der Nährstoffaufnahme, allgemeine Schwäche, Mattigkeit, Depressivität, Reizbarkeit. Diagnosestellung durch den Arzt mit folgenden Methoden:

Diagnoseverfahren

- Abstriche in Mund und Vagina (in den meisten Labors möglich).
- Eine Stuhluntersuchung auf Hefepilze (in den meisten Labors möglich). Werden im Stuhl Hefepilze gefunden, sollte das Labor sofort ein »Antimykogramm« erstellen, das zeigt, welche Medikamente gegen die Pilze am besten wirken (Speziallabors → Seite 91) .
- Bestimmung des »Antikörpertiters« aus dem Blut (in vielen größeren Labors möglich). Ist der Wert höher als 1:160, liegt mit hoher Wahrscheinlichkeit eine Pilzinfektion vor, bei Werten über 1:320 ist die Infektion schon fortgeschritten.
- Nosodentests (→ Seite 38) mit ultrafeinen Meßmethoden (→ Seite 36).

Chronische Viruserkrankungen: Typische Beschwerden sind wiederkehrender Herpes, Gliederschmerzen, Mattigkeit, Infektanfälligkeit. Diagnose durch

- Antikörpertests auf bestimmte verdächtige Viren (welche das sind, beurteilt der Arzt ausgehend von den Symptomen),
- Nosodentests (→ Seite 38) auf bestimmte verdächtige Viren.

Wurmerkrankungen: Bei Stuhluntersuchungen werden die Würmer oft verfehlt. Ich empfehle folgendes Vorgehen:

Ärztliche Untersuchung

- Erste Hinweise liefert eine Erhöhung der »eosinophilen« weißen Blutkörperchen (feststellbar durch ein »kleines Blutbild«).
- Madenwürmer zeigen sich durch Jucken im Enddarm- und Afterbereich: Die Kinder kratzen sich ständig dort. Oft sieht man im Stuhl direkt nach dem Stuhlgang die etwa millimeterdicken weißen Würmer. Nachzuweisen sind sie auch, indem man einen Tesafilmstreifen kurz auf den After preßt und auf anhaftende Wurmeier untersucht.

Beobachtung

- Auch die mehrere Zentimeter langen und mehrere Millimeter dicken Spulwürmer sind oft im Stuhl zu erkennen.
- Manche Bandwürmer erkennt man an charakteristischen Rechtecken (Wurmgliedern) im Stuhl.
- Am sichersten ist meiner Erfahrung nach der Nachweis durch ultrafeine Meßmethoden (→ Seite 36), bei denen mit der Nosode (→ Seite 38) des entsprechenden Wurms getestet wird, ob eine Belastung vorhanden ist.

Sollte dies der Fall sein, kann der Arzt weitere Untersuchungen (unter anderem Röntgen, Ultraschall) anordnen, um zu erfahren, wo die Würmer sitzen.

Außerdem zu klären

Ob Ihr Kind empfindlich auf Temperatur, Klima, Strahlung reagiert, läßt sich auf folgende Weise feststellen:

- Eigene Beobachtung: Wie reagiert Ihr Kind auf Kälte, Nässe, Wetterumschwünge, Vollmond? Wo ist es elektromagnetischen Feldern ausgesetzt?
- Ultrafeine Tests (→ Seite 36) mit speziellen Nosoden (→ Seite 38) für Mondsüchtigkeit, radioaktive Strahlenbelastung, Belastung durch Fernsehstrahlung.

Tests vom Fachmann

- Kinesiologische Tests (→ Seite 37), bei denen man das Kind in kürzere oder größere Entfernung von elektrischen Anlagen und Geräten bringt. Außerdem läßt sich durch Feldstärkemessungen (Adressen → Seite 91) herausfinden, welche Bereiche Ihrer Wohnung besonders belastet sind.

Liegen Schäden im Zusammenhang mit der Geburt vor, läßt sich das mitunter aus der Erinnerung der Eltern sowie vom Arzt aus den im Mutterpaß und im Vorsorgeheft der Kinder vermerkten Daten rekonstruieren.

Selbsthilfe zu Hause

Für notwendige einfache Veränderungen im Alltag zur Entlastung und Stärkung des Immunsystems Ihres Kindes brauchen Sie nicht viel Geld, nur ein bißchen Mut.

Bitte beachten Sie: Die im Folgenden vorgestellten Maßnahmen können eine notwendige ärztliche Behandlung in keinem Fall ersetzen.
Bevor empfohlene Hilfen eingesetzt werden, ist vom Arzt zu klären, ob eine behandlungsbedürftige Erkrankung vorliegt. Ist ein Kind in ärztlicher Behandlung, muß der Arzt bestimmen, welche der möglichen Maßnahmen seine Behandlung unterstützen können.

Wichtig

Sie sind Vorbild: Psychische Entlastung des Kindes

Sie als Eltern besitzen enorme Einflußmöglichkeiten und tragen eine große Verantwortung, da Ihr Verhalten Vorbild für Ihre Kinder ist. Es gibt viele wichtige Bereiche, in denen Sie durch bewußtes Vorleben und klares Verhalten Ihr Kind seelisch unterstützen können. Möglicherweise müssen Sie dafür von alten Gewohnheiten und Verhaltensweisen Abschied nehmen, was bekanntlich nicht immer leicht ist.
Wenn Sie sich in irgendeiner Weise überfordert fühlen, sollten Sie sich nicht scheuen, psychologische Hilfe in Anspruch zu nehmen (Adressen → Seite 91).

Einigkeit macht stark – und hilft

Helfen durch Klarheit

Im Interesse Ihres Kindes sollten Sie nicht zulassen, daß es Sie gegen Ihren Lebenspartner ausspielt, etwa indem es vom Vater erbettelt, was ihm die Mutter soeben deutlich verboten hat. Bemühen Sie sich durch Gespräche mit dem Partner oder mit psychologischer Hilfe (Adressen → Seite 91) um eine klare pädagogische Linie, die dem Kind eindeutige Orientierung bietet und ihm ein ständiges Hinundhergerissensein erspart. Zugegeben, das ist oft leichter gesagt als getan. Versuchen Sie es mit einem Mittelweg: Verzärteln oder unterfordern Sie das Kind nicht; zuviel Nachgiebigkeit führt dazu, daß es ständig den Weg des geringsten Widerstandes geht, sich nach dem Lustprinzip richtet und sich gerade dadurch schadet. Anstatt früh ins Bett zu gehen, damit es am nächsten Morgen ausgeruht ist für die Schule, möchte es bis spät abends fernsehen oder lesen. In seinem Zimmer schließt es bei keineswegs kühlen Temperaturen alle Fenster und dreht die Heizung auf, anstatt frische Luft hereinzulassen. Sie kennen sicher die kleinen Schauspielereien: Wenn es zum Spaziergang mitkommen soll, ist es plötzlich »soo müde«, obwohl es noch stundenlang Videospiele bedienen könnte. Wenn es Salat oder Gemüse essen soll, hat es plötzlich keinen Hunger mehr, bewältigt aber problemlos noch zwei große Portionen Pudding.

Nicht verwöhnen

Es ist Aufgabe der Eltern eines infektanfälligen Kindes, in solchen Situationen unnachgiebig zu bleiben, und es zu dem aufzufordern, was ihm gut tut: vor allem Abhärtungsmaßnahmen (→ Seite 60), Bewegung (→ Seite 59), gesunde Ernährung (→ Seite 56) und ausreichend Schlaf.

Das braucht Ihr Kind

> Ein Kind lernt sehr schnell, seine Krankheit bewußt als »Waffe«, Strafe oder zur Durchsetzung seiner Wünsche einzusetzen. Gestalten Sie ihm daher den Krankenzustand nie so attraktiv, daß er dem normalen Leben vorzuziehen ist. Die aufopfernde Fürsorge für Ihr krankes Kind muß Ausnahme bleiben, damit Sie sich selbst nicht aufreiben und ihm das Leben als Dauerpatient nicht schmackhaft machen.

Kraft schöpfen – zum Wohl der Familie

Vergessen Sie getrost alle pädagogischen Ratschläge, die in Ihrem Leben von Verwandten und aus den Medien auf Sie eingestürmt sind, und überlegen Sie, wie Sie Ihr Zusammenleben mit dem Kind so gestalten können, daß es sowohl den Bedürfnissen Ihres Kindes als auch – mindestens ebenso wichtig – Ihren eigenen am besten entspricht. Berücksichtigen Sie dabei, daß Ihr Kind nicht nur zuhause, sondern auch in Kindergarten und Schule gut zurechtkommen muß. Vielleicht empfiehlt es sich da eher, Ihr Kind nicht

Keiner darf »zu kurz kommen«

nur körperlich, sondern auch seelisch so abzuhärten, daß es nicht auf jede Verweigerung seiner Wünsche mit beleidigtem Verhalten bis hin zur Krankheit reagiert. Ein Kind kann man prägen, wenn beide Eltern fest zusammenhalten und sich beispielsweise auch von besorgten Großeltern nicht irritieren lassen. Niemand braucht diese Klarheit mehr als das übersensible Kind.

Auch seelisch stärken

Erziehung zur Unabhängigkeit

Möglicherweise macht es Ihnen Spaß, Ihr Kind ständig zu pflegen. Dann sollten Sie einmal genau überlegen, welche geheimen Wünsche dahinterstecken könnten. Wollen Sie Ihrem Kind etwas verschaffen, das Sie in Ihrer Kindheit entbehren mußten? Es vor der »bösen« Welt schützen? Oft möchten Eltern erreichen, daß das Kind noch lange von ihnen abhängig bleibt, aus Angst, es zu verlieren. Oder sie wollen sich oder anderen beweisen, daß sie besonders gute Eltern sind. All diese Beweggründe sind zwar verständlich, führen aber das Kind in die Rolle des verzärtelten und passiven Schwächlings und verletzen langfristig seine Interessen. Damit später ein selbständiger Erwachsener aus ihm wird, sollten Sie es nicht mit Zuneigung erdrücken, sondern es liebevoll, aber unnachgiebig auf das Leben in der realen Welt vorbereiten.

Zur Selbständigkeit führen

Noch keine Tragödie: schwache Schulleistungen

Infektanfällige Kinder haben es in der Schule schwer, da sie viel fehlen und sich mitunter schlecht konzentrieren können. Kein Wunder, daß die Noten oft nur mittelmäßig ausfallen. Dies gefährdet den Traum vieler Eltern, ihr Kind werde dank überragender Intelligenz im Fluge Karriere und der ganzen Familie Ehre machen. Reagieren Eltern in dieser Situation mit Enttäuschung, erhöhten Leistungserwartungen und Vorwürfen, wird die Infektanfälligkeit keinesfalls zurückgehen.
Setzen Sie Ihr Kind nicht durch eigenen unangemessenen Ehrgeiz unter Druck, sondern bauen Sie diesen »Erfolgszwang« ab, und vermitteln Sie ihm statt dessen die beruhigende Sicherheit, daß es auch dann geliebt wird, wenn es nicht pausenlos phantastische Noten nach Hause bringt.

Nicht unter Leistungsdruck setzen

Ein krankes Kind gehört ins Bett

Wenn Ihr Kind doch wieder krank wird, geraten Sie nicht in Panik wegen des versäumten Schulstoffs, sondern handeln Sie wie die klugen Großmütter, die das Kind zum Auskurieren der Krankheit ins Bett gesteckt hätten. Natürlich stört das den durchgeplanten Alltag heutiger Familien erheblich, besonders dann, wenn Vater und Mutter berufstätig sind. Versuchen Sie dennoch, Ihr Kind im Krankheitsfall zu Hause zu behalten. Immerhin stehen jedem Arbeitnehmer fünf Tage pro Jahr zur Pflege kranker Kinder unter neun Jahren zu – ohne Lohneinbuße. Wenn das nicht ausreicht, kann man eine Pflegegemeinschaft mit Freund(inn)en und Bekannten gründen, so daß immer jemand einspringt, wenn Eltern sich gerade nicht selbst um ihr krankes Kind kümmern können.

Sprechen Sie mit den Lehrern

Wenn Sie ein infektanfälliges Kind haben, sollten Sie auch mit seinen Lehrern vorbehaltlos darüber sprechen, damit sie die Konzentrationsschwächen, Leistungsschwankungen und Fehlzeiten Ihres Kindes nicht als Faulheit oder Dummheit deuten. Ideal ist es, wenn auch die Lehrer das Kind weder über- noch unterfordern und jede Vorwurfshaltung wegen der krankheitsbedingten Schwächen vermeiden.

Immer ein Grundbaustein: Gesunde Ernährung

Die folgende Übersicht sagt Ihnen, was Sie bei der Ernährung beachten sollten, damit sie Ihrem infektanfälligen Kind (und auch Ihnen) gut bekommt.

Das Essen – ein »Ritual«

- Machen Sie aus den Mahlzeiten ein gemeinsames gemütliches Ritual, das wirklich nur dem Essen gewidmet ist und nicht durch andere Einflüsse (Zeitunglesen, Fernsehen, Streitereien) gestört wird.
- Kinder lernen durch Vorbilder: Jeden Bissen gründlich kauen, bis er wirklich zerkleinert ist.
- Obst und Gemüse sollten ohne Kunstdünger und Pestizide im eigenen Garten gezogen sein oder aus biologischem Anbau stammen (Adressen von Naturkostläden oder Biobauern im Alternativen Branchenbuch, Bücher → Seite 93).

● Geben Sie Ihrem Kind nur Fleisch von natürlich aufgezogenen Tieren (→ auch Seite 58): Lammfleisch ist ziemlich unbedenklich, da Lämmer immer gesäugt werden; auch Fleisch von gesäugten Kälbern findet man immer häufiger; Hühner und anderes Geflügel sollten freilaufend aufgezogen und mit Körnerfutter ernährt sein (Adressen von artgerecht wirtschaftenden Viehzüchtern im Alternativen Branchenbuch, Bücher → Seite 93). Von Schweinefleisch ist grundsätzlich abzuraten (mehr dazu bei Reckeweg: *Schweinefleisch und Gesundheit* → Seite 93).

Einfache Ernährungsregeln

● Mit einer streng vegetarischen Ernährung ist der Eisen- und Vitamin-B-12-Bedarf Ihres Kindes nicht ausreichend zu decken. Geben Sie ihm deshalb jeden Tag zumindest ein kleines Stück Fleisch.

● Fisch ist oft schadstoffbelastet. Zu empfehlen ist frischer, magerer Hochseefisch (zum Beispiel Seelachs, Rotbarsch, Scholle).

● Vermeiden Sie alle Aufputschmittel (Cola, Kaffee, schwarzer Tee).

● Etwas Süßes sollte es höchstens einmal täglich geben: gekochtes Obst, Trockenfrüchte oder mit natürlichen Süßmitteln wie Honig oder Malz gesüßte Kekse.

> Es ist nicht auszuschließen, daß Ihr Kind auf einige der empfohlenen Nahrungsmittel allergisch reagiert. Im Zweifelsfall sollten Sie die verdächtigen Lebensmittel kinesiologisch testen lassen (→ Seite 37).

Milch – nur für gesunde Kinder

Vorsicht bei Milchprodukten

Milch und Milchprodukte sind der häufigste einzelne Auslöser von Nahrungsmittelallergien, denn viele Menschen vertragen das darin enthaltene Kasein nicht. Auch Medikamentenrückstände und Pilzgifte, die durch angeschimmeltes Silofutter von den Kühen aufgenommen werden, können für die Unverträglichkeitsreaktionen verantwortlich sein. Alle Erkrankungen im Nasen-Rachen-Raum, von Schnupfen und Husten über Mandelentzündung, Nebenhöhlenbeschwerden, Mittelohrentzündung bis hin zu Polypen werden durch ständigen Verzehr von Milch bei fast allen Kindern deutlich verschlimmert. Deshalb sollten infektanfällige Kinder keine Milch trinken.

Zu meiden

Auch Quark, Buttermilch, Kefir und Joghurt werden häufig schlecht vertragen, Butter und Sahne schon eher. Manchen Kindern bekommt dagegen selbstgemachter Joghurt oder Reformhaus-Joghurt, weil die in diesen Joghurts bekömmlicheren Bakterien das Milcheiweiß für ihren Darm verdaulicher machen. Käse, insbesondere ausgereifter Ziegen- und Schafskäse, wird in kleinen Mengen öfters vertragen.

Milchersatz

Als Milchersatz können Sie Ihrem Kind Sojamilch (Naturkostladen/Reformhaus) geben. Oder Sie probieren je nach individueller Empfindlichkeit ein Gemisch aus Sahne und Wasser im Verhältnis 1 zu 4 (Sahne nicht mitkochen, sondern ins abkühlende Wasser einrühren).

Kinder, die keine Milch trinken, sollten auf jeden Fall vom Arzt Calcium in homöopathischer Form verschrieben bekommen, um die Aufnahme dieses Elements zu verbessern (→ Seite 76).

Fleisch und Wurst: Mit Vorsicht zu genießen

Der Verzehr von supermarktüblichen Fleisch- und Wurstprodukten ist wenig empfehlenswert, da diese Erzeugnisse fast immer Rückstände der in der modernen Tiermast eingesetzten Medikamente enthalten (Hormone, Betablocker, Antibiotika, Tranquilizer). Wurst enthält außerdem in der Regel Phosphate (→ Seite 23) und Nitrate (behindern die Vitamin-A-Versorgung).

Fleischgenuß »ohne Reue« mit folgenden Produkten:

Was Sie beachten sollten

- Kaufen Sie nur Fleisch und phosphat- und nitratfreie Wurst aus biologischer Tierhaltung.
- Geben Sie dem Kind als Ersatz für Fleisch die vegetarischen Erzeugnisse Tofu, Tempeh und Seitan (Naturkostladen/Reformhaus) oder Hochseefisch.
- Als Wurstersatz eignen sich in dünne Scheiben geschnittener Braten (Fleisch aus biologischer Tierhaltung), Sojawürstchen und pflanzliche Brotaufstriche wie Tartex (Naturkostladen, Reformhaus).

Manchmal tabu: Saures und Scharfes

Bei Blasen- und Nierenbeschwerden

Bei Kindern, die für Blasen- und Nierenentzündungen anfällig sind, können saure Nahrungsmittel Infekte auslösen oder im Gange halten. Falls dies zutrifft, geben Sie Ihrem Kind möglichst wenig von folgenden Speisen und Getränken:

- Apfelsaft und andere Fruchtsäfte (auch Multivitaminsaft), Früchtetee mit Hibiskus, Pfefferminztee, saure Gemüsesäfte, Bohnenkaffee, schwarzer Tee, kohlensäurehaltiges Mineralwasser, scharfe Gewürze, Sauerkraut, Tomate, Paprika, Orange. Meiden Sie auch andere frische Früchte, bis die Infektanfälligkeit zurückgegangen ist.
- Empfehlenswerte Getränke sind jetzt »stille« Mineralwässer aus der Glasflasche sowie Kamillen- und Zinnkrauttee (dünn aufgießen).
- *Spezialdiät:* Während eines akuten Infekts geben Sie Ihrem Kind die eben empfohlenen Getränke, dazu gekochtes Gemüse, Pellkartoffeln, Rot- und Weißkohl, geraspelte Möhren und gekochtes Obst. Das erleichtert die Verdauungsvorgänge und hindert außerdem eventuell im Darm vorhandene Pilze (→ Seite 29), sich während des Infektes rasch zu vermehren.

Für die Gesundheit: Bewegung, Abhärtung, Ruhe

Nutzen Sie jede Möglichkeit, Ihrem Kind *Bewegung* zu verschaffen:

Auch hier: Sie sind Vorbild

- Bringen Sie es nicht im Auto zur Schule, sondern lassen Sie es möglichst zu Fuß gehen oder mit dem Rad fahren.
- Benutzen Sie im Zweifelsfall gemeinsam mit dem Kind immer die Treppe und nicht Fahrstuhl oder Rolltreppe.
- Schicken Sie das Kind, wenn die Verkehrsverhältnisse es erlauben, ruhig zu kleinen Erledigungen aus dem Haus.
- Bewegen Sie sich gemeinsam mit ihm: Ballspiele, Wanderungen, Radtouren, Schwimmbadbesuche (möglichst nicht in gechlortem Wasser) bieten sich an.
- Lassen Sie das Kind im Verein eine Sportart erlernen, die ihm Spaß macht.

- Erfüllen Sie wenn möglich seine Wünsche, wenn es Rollschuhe, Skateboard oder ein Mountainbike haben will (sofern es diese Sportgeräte in der Umgebung der Wohnung ohne Gefährdung durch den Straßenverkehr benutzen kann).

Stärkt die Abwehrkräfte

Abhärtung nach Pfarrer Kneipp: Die bekannten Methoden von Pfarrer Kneipp zur Förderung der Durchblutung bewirken bei vielen infektanfälligen Kindern oft Wunder.

- Jeden Morgen Wechseldusche: Dazu duscht das Kind erst längere Zeit heiß, dann kurz kalt. Richten Sie sich dabei nach den Temperaturen, die Ihr Kind verträgt: Warm beginnen, dann umschalten auf lauwarm. Später im Lauf der Wochen und Monate den Unterschied zwischen heiß und kalt immer weiter auseinanderschieben. Schon bei Dreijährigen sollte man mit diesem hervorragenden Kreislauf- und Immuntraining beginnen.
- Alternative für Wasserscheue: morgens den ganzen Körper des Kindes mit einem heißfeuchten Handtuch abrubbeln. Danach abtrocknen und anziehen.
- Oder den ganzen Körper des Kindes mit einem Sisalhandschuh abreiben.
- In der wärmeren Jahreszeit, wenn möglich, Taulaufen im feuchten Gras (allerdings nur, wenn das Kind warme Füße hat).

Gegen Reizüberflutung:

Nicht verbieten – Besseres bieten

- Begrenzen Sie die Zugriffsmöglichkeiten Ihres Kindes auf Fernsehen und Freizeitelektronik.
- Ihr Vorbild ist gefragt: Vermeiden auch Sie suchtartiges Fernsehen oder Hören lauter Rockmusik.
- Behandeln Sie sich und das Kind mit Bach-Blütenessenzen (→ Seite 71); sie fördern die geistige Klarheit und den Zusammenhalt in der Familie.

Was Sie rund ums Zuhause beachten sollten

So senken Sie die Schadstoffbelastung

Maßnahmen, die sich lohnen

- Als Bodenbelag Fliesen und (falls keine Hausstaub- und Schimmelpilzallergien vorliegen) Teppiche aus unbehandelten Naturstoffen verwenden.
- Einfache, unbehandelte Holzmöbel statt Polstermöbel kaufen (vorher kinesiologisch testen → Seite 37).
- Parkettfußböden nach Möglichkeit entfernen, falls sie erwiesenermaßen (nach Test durch baubiologische Institute, Adressen → Seite 91) schädliche Chemikalien ausdünsten, erwiesenermaßen belastete Holzmöbel, Fensterrahmen und Vertäfelungen entfernen oder zumindest mit Schellack versiegeln (Ausnahme: ältere Holzgegenstände, die nicht mit Holzschutzmitteln und modernen Lacken und Versiegelungen behandelt wurden).
- »Baubiologische« Produkte nur nach vorherigem kinesiologischem Test (→ Seite 37) kaufen. Sie enthalten oft schlecht verträgliche Stoffe, zum Beispiel Zitrusschalen- oder Nadelbaumöle als Lösungsmittel.
- Keine scharfen Reinigungsmittel in der Wohnung verwenden. Alternativen: Essig als Toilettenreiniger, Spiritus zum Fensterputzen, Seife fürs Geschirr, echter Scheuersand für die Badewanne (Naturkostladen).
- Verwenden Sie Kosmetika und Körperpflegemittel nur, nachdem Sie ihre Verträglichkeit durch kinesiologische Tests (→ Seite 37) geprüft haben.
- Nicht in Gegenwart des Kindes staubsaugen. Oder einen Staubsauger anschaffen, der hinten keinen Staub mitsamt den darin enthaltenen Allergenen hinausbläst, zum Beispiel Bar-to-vac oder Rainbow (Bezugsquellen → Seite 91).

Die einfache Hilfe

- Falls Sie wissen, daß in der Wohnung Schadstoffe vorhanden sind, sich umfangreichere Sanierungsmaßnahmen aber zunächst nicht leisten können, installieren Sie einen Ventilator im Fenster, der einen Großteil der schadstoffbelasteten Luft nach draußen befördert.
- Einen guten Wasserfilter (Bezugsquelle → Seite 91) unter dem Spülbecken installieren.

Haustiere, Spielzeug

- Für Haustiere keine Flohschutzmittel und -halsbänder verwenden, sondern das Tier bei Flohbefall in wöchentlichen Abständen bis zum Hals in die mit Wasser gefüllte Badewanne setzen und mit Neemseife waschen (Bezugsquelle → Seite 91).
- Möglichst wenig farbiges Spielzeug kaufen. Auch Schnuller und Windeln sollten weiß sein (farbige enthalten oft giftige Farbstoffe).

Bei der Kleidung zu beachten

- Verwenden Sie zumindest dort, wo Textilien direkt mit der Haut in Kontakt kommen (Unterwäsche, Hemden, Hosen, Strümpfe, Bettwäsche), chemisch unbehandelte weiße Naturtextilien aus Baumwolle, Leinen, Wolle und Seide (Bezugsquellen → Seite 91).

Nichts reinigen lassen

- Kleider nicht chemisch reinigen, sondern mit zuvor kinesiologisch (→ Seite 37) getesteten Feinwaschmitteln waschen (bedenkenlos auch bei 95 °C verwendbar). Meist gut verträglich: das Feinwaschmittel von Aldi. Außerdem empfehlenswert: Derma Fluid (Bezugsquelle → Seite 91).
- Nasse oder verschwitzte Kleider möglichst bald gegen trockene auswechseln.

Warm »einpacken«

- Sorgen Sie insbesondere bei Neigung zu Blasen- und Nierenbeckenentzündung für eine durchgehende »Wärmefront« von der Fußspitze bis zum Brustkorb, denn in diesem Bereich befinden sich die aus der chinesischen Medizin bekannten Meridiane für Blase und Niere (→ Seite 37). Unterhemd, Hemd und Schlafanzugjacke müssen so lang sein, daß sie tief in die Hose gesteckt werden können und nicht gleich wieder herausrutschen (empfehlenswert: Latzhosen, für Kleinkinder Strampelanzüge für die Nacht).
- Achten Sie darauf, daß Ihr Kind zuhause warme Hausschuhe trägt (zum Beispiel Hüttenschuhe aus Wolle). Stellen Sie ihm für den nächtlichen Gang zur Toilette Filzpantoffeln vors Bett.
- Lassen Sie Ihr Kind nach dem Schwimmen nicht mit nassem Badezeug herumlaufen. Trocknen Sie es nach jedem Bad zuhause oder im Schwimmbad gründlich ab. Fönen Sie zumindest bei kühlem Wetter unbedingt die Haare trocken.

So reduzieren Sie Elektrosmog in der Wohnung

Einfache Hilfen

- Achten Sie beim Aufstellen des Kinderbetts darauf, daß sich das Kopfende nicht in der Nähe von Unterputzkabeln oder Steckdosen befindet.
- Reduzieren Sie die Zahl der Freizeitelektronikgeräte im Haus. Statt schnurloser Telefone ist es besser, sich mehrere Anschlüsse in die verschiedenen Zimmer legen zu lassen. Keinen Mikrowellenherd benutzen. Radios, Kassettenrecorder, Fernseher, Kopfhörer, Funkgeräte und Elektrowecker aus dem Kinderschlafzimmer entfernen.
- Gegen »viereckige Augen«: Begrenzen Sie die Zeit, die Ihr Kind mit Fernsehen und Videospielen verbringt, und verwenden Sie nur strahlungsarme Bildschirme.

Das können Sie sofort tun

- Das hilft: Nachts zumindest für das Kinderschlafzimmer die Sicherung herausschrauben oder vom Elektriker einen Netzfreischalter einbauen lassen.

Maßnahmen, die bei Allergien helfen

Maßnahmen zur Senkung der Allergiebelastung dürfen nur in Absprache mit dem behandelnden Arzt ergriffen werden.

Bei Lebensmittelallergien:

Vorsicht bei diesen Lebensmitteln

- Geben Sie Ihrem Kind keine Milch (→ Seite 57), keine Orangen und keine Erdnüsse (beide werden über zwanzigmal gespritzt). Erdbeeren und Kiwis sollte das Kind nur nach kinesiologischer Testung (→ Seite 37 essen, da sie oft Allergien auslösen.
- Bei Pseudoallergien auf Nahrungsmittel können die Kinder Beschwerden vermeiden, wenn sie immer nur ein bißchen (oder ein paar Bissen) von dem jeweiligen Lebensmittel zu sich nehmen, zum Beispiel gelegentlich eine Scheibe Emmentaler, ein halbes Glas Milch oder eine Kiwi. So läßt sich der Speisezettel öfters durch kleine Häppchen von diesem oder jenem bereichern.

Bei Pollenallergien:

- Behalten Sie das Kind im Haus, und geben Sie ihm vorbeugend Chromoglycin-Präparate (nach ärztlicher Verordnung), wenn die Pollen fliegen, auf die es empfindlich rea-

Pollenflugzeiten

giert: Weiden und Erlen in Februar und März, Haselnuß- und Obstbäume im April, Birken Ende April/Anfang Mai, Wiesenblumen im Mai, Getreide und Gräser (vor allem Roggen- und Weizenpollen) im Juni, Beifußgewächse im Juli und August (außerdem nochmals Roggen und Weizen zur Erntezeit).

- Geben Sie Ihrem Kind keine Lebensmittel, auf deren Pollen es allergisch reagiert: je nach individueller Empfindlichkeit also Haselnüsse, bestimmte Obstsorten, Roggenbrot.
- Bei nächtlichem Asthma durch Pollen schließen Sie das Fenster gegen Mitternacht, weil der Pollenflug um 3 Uhr morgens einsetzt.
- Stellen Sie einen guten Luftfilter im Zimmer auf (NSA, Bezugsquelle → Seite 91).

Bei Hausstaubmilbenallergien:

Selbst testen

- Prüfen Sie durch den Acarex-Test (Apotheke), ob Hausstaubmilben in Matratzen, Teppichen, Polstermöbeln und Stofftieren vorhanden sind. Wenn ja:
- Verwenden Sie Laken und Bezüge aus kochfester Baumwolle, die Sie mindestens alle 14 Tage waschen. Kissen und Decke sollten ebenfalls waschbar sein (empfehlenswert: Synthetikdecken und -kissen von IKEA) und mindestens einmal im Monat gewaschen werden. Waschbare Matratzenpolster von der Firma Lavadorm halten die Milbenbelastung aus der Matratze gering (Bezugsquelle → Seite 91).
- Lassen Sie das Kind morgens nicht zu lange im Bett, denn zu dieser Zeit vermehren sich die Milben gewaltig.
- Polstermöbel und Teppichboden möglichst aus dem Kinderzimmer und dem Schlafraum des Kindes entfernen. Stofftiere und kleinere Teppiche vier Tage lang in die Tiefkühltruhe legen – das tötet die Milben.

Bei Schimmelpilzallergien:

- Vom Schimmelpilz befallene Wände mit verträglichen Antipilzmitteln (kinesiologisch testen → Seite 37) sanieren, verzichten Sie auf Tapeten.

Testen lassen

- Sorgen Sie durch eine gute Außendämmung des Hauses und durch regelmäßiges Heizen und Lüften feuchter Räume dafür, daß Schimmelpilze keine günstigen Siedlungsbedingungen vorfinden.

- Lassen Sie ab Ende August Ihr Kind nicht im Garten spielen, weil dann viel angeschimmeltes Obst und Laub unter den Bäumen liegt. Geben Sie ihm keine Walnüsse, denn sie verschimmeln unsichtbar schon am Baum. Werfen Sie überhaupt angeschimmelte Speisen immer weg.

Bei Allergien auf Tiere:

- Waschen/baden Sie die Tiere jede Woche, insbesondere Meerschweinchen und Katzen, um die allergisierenden Kot- und Speichelbestandteile aus dem Fell zu entfernen.

Ärztliche Untersuchung

> Bitte beachten Sie: Bei Allergien können unvorhergesehen lebensbedrohliche Beschwerden auftreten. Lassen Sie Ihr Kind deshalb auf jeden Fall von einem erfahrenen Arzt untersuchen, und stimmen Sie alle häuslichen Maßnahmen mit ihm ab.

Sofortbehandlung von Allergien

Das können Sie selbst tun

Wenn Ihr Kind nach einem Restaurantbesuch oder einem Kindergeburtstag plötzlich hyperaktiv wird oder Hautausschlag bekommt, prüfen Sie mit Hilfe des Speicheltests (→ Seite 47), ob eine Allergie oder eine Pseudoallergie vorliegt. Ist der pH-Wert zu hoch, geben Sie Ihrem Kind 1 Teelöffel guten Essig (Naturkostladen, vorher kinesiologisch testen → Seite 37). Bei einem zu niedrigen Wert bekommt es 1 Teelöffel Basica oder ein anderes basisch wirkendes Mineralpräparat aus Apotheke oder Reformhaus (vorher kinesiologisch testen → Seite 37). In vielen Fällen erreicht man auf diese Weise eine sofortige Linderung der Beschwerden.

> Bitte beachten Sie: Da Ihr Kind bei den in diesem Kapitel erwähnten Erkrankungen in ärztlicher Behandlung sein muß, sollten Sie alle Maßnahmen, die Sie ergreifen, mit dem behandelnden Arzt absprechen

Naturheilkunde-Therapie des Arztes

Bei einigen der in diesem Kapitel beschriebenen Methoden handelt es sich um neuere naturmedizinische Therapieverfahren, wie sie von darin erfahrenen Ärzten durchgeführt werden. Da diese Methoden, die sich schon vielfach bewährt haben, weniger bekannt sind als gebräuchliche schulmedizinische Verfahren, werden sie erläutert.

Wichtig

Bitte beachten Sie: Eltern wählen für ihr Kind den Arzt, zu dem sie Vertrauen haben. Nur der Arzt kann eine Erkrankung sicher erkennen, die notwendigen Methoden und Mittel zu ihrer Behandlung bestimmen, außerdem überprüfen, ob die gewählte Behandlung anschlägt oder ob weitere Maßnahmen erforderlich werden.

Bewährte Heilverfahren

Bevor ich auf konkrete Behandlungsschritte eingehe, möchte ich Sie mit den Prinzipien von drei naturheilkundlichen Verfahren bekannt machen, die nach meiner Erfahrung bei der Behandlung von Infektanfälligkeit wirklich gute Dienste leisten.

Was Sie über Homöopathie wissen sollten

Die Homöopathie basiert auf der Erkenntnis, daß sich »Ähnliches mit Ähnlichem« heilen läßt. Das heißt, daß Beschwerden durch solche Stoffe gebessert werden, deren Einnahme beim gesunden Menschen diese Beschwerden hervorrufen würde.

Nach dem Ähnlichkeitsprinzip

Ein Beispiel: Jeder weiß, daß einem beim Zwiebelschneiden die Nase läuft und die Augen tränen. Die Homöopathie nutzt dieses Wissen, indem sie Zwiebeln mit Erfolg bei Augenentzündungen und Fließschnupfen einsetzt. Allerdings verwendet sie dazu nicht echte Zwiebeln, sondern verdünnt den Extrakt nach speziellem Verfahren so weit, daß er zur Behandlung geeignet ist.

Das Geheimnis der Potenzierung

Alle homöopathischen Mittel werden auf bestimmte Weise »verdünnt«. Dabei nimmt aber erstaunlicherweise ihre Wirksamkeit nicht ab, sondern zu, weshalb man das Verfahren auch »Potenzieren« nennt. Ich will Ihnen dies anhand der Zehnerpotenzen erläutern (die ich im folgenden fast ausschließlich für die Behandlung empfehle). Um die erste Zehnerpotenz der Ausgangssubstanz zum Beispiel Zwiebelextrakt (lateinisch: Allium cepa) zu erzeugen, vermischt man einen Teil Zwiebelextrakt mit neun Teilen Wasser und »verschüttelt« die Mischung auf bestimmte vorgeschriebene Weise mehrmals kräftig. So erhält man die Potenz D2. Wird nun diese wieder mit neun Teilen Wasser vermischt und verschüttelt, erhält man die Potenz D3. Und so weiter, bis zu hohen Potenzen wie D200.

Verdünnen = Potenzieren

Spätestens nach etwa 27 Verschüttelungen (also bei der Potenz D27) ist nach menschlichem Ermessen kaum noch etwas von der Ausgangssubstanz Zwiebelextrakt in der Mischung enthalten. Und hier beginnt das eigentliche Geheimnis der Homöopathie: Auch höhere Potenzen als D27 wirken bei jenen Beschwerden, die dem typischen von der Ausgangssubstanz ausgelösten Symptombild entsprechen. Das erklärt man sich dadurch, daß die »Schwingung« der Ausgangssubstanz durch das Verschütteln auf das Wasser übergeht, in ihm gespeichert wird und bei der Einnahme dem Organismus eine feine Heilungsbotschaft übermittelt. Das genügt oft, um ihn auf den Weg der Genesung zu bringen, ohne daß jedoch die möglichen schädlichen Wirkungen der Ausgangssubstanz erzeugt werden. Ob wir dies nun verstehen oder nicht – in zahllosen Fällen hat die Homöopathie schon gute Wirkungen erzielt.

Heilreiz

Homöopathische Mittel werden anders ausgewählt als sonst in der Medizin üblich. Dort achtet man vor allem auf das Krankheitssymptom, das im Vordergrund steht: Bei Husten gibt man Hustensaft, bei Schnupfen Nasentropfen, bei

Kopfweh Schmerztabletten. Homöopathen hingegen achten gleichzeitig auf alle möglichen Begleitsymptome des Kranken: Hat das Kind Fieber oder nicht, ist es munter oder matt, reizbar oder friedfertig und so weiter. Nur wenn man ein Mittel findet, das dem Gesamtzustand des Kindes mit allen diesen verschiedenen Symptomen weitgehend entspricht, kann Homöopathie helfen. Wundern Sie sich also nicht, wenn Sie später unter dem Stichwort Fieber gleich eine ganze Liste möglicher Mittel – je nach Begleitsymptomen – finden. Wenn man das falsche Mittel wählt, hilft Homöopathie nicht (schadet allerdings auch nicht); wenn die Potenz nicht stimmt, hilft sie nicht optimal. Ihr Therapeut kann das richtige Mittel und die richtige Potenz mit Hilfe der folgenden Verfahren bestimmen:

Behandelt wird der ganze Mensch

Die Methode der klassischen Homöopathie: Dabei bemüht sich der Therapeut um ein genaues Erfassen aller Symptome und sucht dann aufgrund seiner Erfahrung oder mit Hilfe homöopathischer Nachschlagewerke das richtige Mittel heraus. Vor allem Therapeuten mit viel Erfahrung und großer Intuition erzielen damit gute Ergebnisse.

Ultrafeine Meßmethoden (→ Seite 36): Dabei testet der Therapeut – nachdem er mit den Methoden der klassischen Homöopathie den Kreis der möglichen Mittel eingeengt hat – am Körper des Kindes, welches Mittel in welcher Potenz am besten hilft. Das verbessert die Erfolgsaussichten der Behandlung erheblich.

Test der Mittel

Auf einen Blick

Die Vorteile der Homöopathie:

- Es sind keine schädigenden Nebenwirkungen zu befürchten, selbst wenn das Kind in einem unbewachten Augenblick die ganze Dose leerißt.
- Das Immunsystem wird unterstützt.
- Wenn Mittel und Potenz stimmen, wirken Homöopathika sehr rasch; die Behandlungsdauer wird somit erheblich verkürzt.
- Die Mittel sind erschwinglich, belasten den Haushalt der Krankenkassen wenig und werden deshalb von immer mehr Ärzten verordnet.

Darreichungsform und Verkauf:

Tropfen, Globuli, Tabletten

- Homöopathische Mittel sind im Handel als Tropfen (mit Alkohol) sowie als kleine weiße Kügelchen (Globuli) und als Tabletten (beide auf Milchzuckerbasis) erhältlich. Bei Alkoholunverträglichkeit gibt man Kügelchen oder Tabletten; bei Milchzuckerunverträglichkeit Tropfen; wird beides nicht vertragen, Tropfen aus Ampullen, die nur das Homöopathikum und sterilisiertes Wasser enthalten. Ansonsten können alle diese Zubereitungsformen nach Belieben gegeneinander ausgetauscht werden: Fünf Tropfen entsprechen fünf Kügelchen oder einer Tablette. Für Babys läßt man die Tabletten in einem wassergefüllten Teelöffel zerfallen.
- Homöopathika sind oft in der Apotheke nicht vorrätig und müssen erst bestellt werden. Bitten Sie Ihren Arzt, Ihnen eine homöopathische Hausapotheke mit den wichtigsten Mitteln zusammenzustellen; im akuten Krankheitsfall kann er Ihnen dann oft schon am Telefon raten, welches Mittel geeignet ist.

Bitte beachten

- Wenn nicht innerhalb weniger Stunden nach Beginn der homöopathischen Behandlung eine Besserung eintritt, muß unverzüglich der Arzt aufgesucht werden.
- Die Mittel haben keine Beipackzettel, und auf dem Etikett steht nicht, für welche Krankheiten sie geeignet sind. Die Gründe: Bei Homöopathika ist die Angabe von Nebenwirkungen auf dem Beipackzettel nicht erforderlich. Außerdem werden sie nicht für bestimmte Krankheiten, sondern nach Symptomatik verordnet.

So hilft Nosodentherapie

Nach dem Gleichheitsprinzip

Die Nosodentherapie ist eine Weiterentwicklung der Homöopathie, die jedoch nicht auf dem Ähnlichkeits-, sondern auf dem Gleichheitsprinzip basiert. Eine Nosode ist die homöopathische Zubereitung eines Organextraktes, eines Heilmittels oder Krankheitserregers. Zunächst testet man, welche Substanzen den Patienten belasten. Dann gibt man ihm »Nosoden« der gleichen Substanzen: also Krankheitserreger, Allergieauslöser, Impfstoffe oder Umweltgifte. Diese schädlichen Stoffe werden allerdings nach homöopathischen Methoden bei der Zubereitung so oft potenziert

(→ Seite 67), daß von ihnen keine Gefahr für den Patienten mehr ausgeht. Für den Erfolg der Therapie ist ebenso wie in der Homöopathie die richtige Potenz wichtig. Während der Behandlung einer akuten Erkrankung sollte der Therapeut jeden Tag von neuem testen, ob die Potenz noch stimmt oder ob inzwischen eine andere besser geeignet ist.

Wirksame Therapie

Die Nosodentherapie hat in den letzten Jahren zunehmend Bedeutung erlangt, weil sich damit die in jüngster Zeit enorm gestiegenen Belastungen durch Umweltschadstoffe und Medikamentennebenwirkungen, aber auch viele Allergien gezielt und oft erfolgreicher behandeln lassen als mit den Mitteln der traditionellen Homöopathie.

Alles über Mineralstoff- und Vitamin-Gaben

Erhöhter Bedarf bei Anfälligkeit

Infektanfällige Kinder brauchen meistens mehr von bestimmten Vitaminen und Mineralstoffen als gesunde Altersgenossen. Mögliche Gründe für den erhöhten Bedarf sind einseitige Ernährung (→ Seite 25), eine gestörte Nährstoffaufnahme (Resorptionsstörungen, → Seite 28), vor allem aber die Tatsache, daß ein stark belastetes oder geschwächtes Immunsystem einfach mehr von bestimmten lebenswichtigen Nährstoffen verbraucht, wenn es halbwegs reibungslos funktionieren soll.

Wenn man Nährstoffmangelzustände oder Resorptionsstörungen (nach ultrafeiner Testung → Seite 36) gezielt ausgleichen kann, ist oft eine entscheidende Verbesserung des Gesundheitszustandes zu erreichen. Bei Mineralstoffmangel genügt oft die Gabe von homöopathischen Mineralpräparaten, weil dadurch die Verwertung der Mineralstoffen verbessert wird.

Behandlung bei psychischer Belastung

Bei Störungen der Familienharmonie, die Sie nicht allein bewältigen können, sollten Sie sich nicht scheuen, die Unterstützung erfahrener Psychologen in Anspruch zu nehmen (am besten mit familientherapeutischer Ausbildung). Erste Hilfe und Kontaktadressen von Therapeuten erhalten Sie in städtischen und kirchlichen Erziehungsberatungsstellen sowie bei den Filialen von Pro Familia (Adressen → Seite 91).

Suchen Sie sich Hilfe

Friedensstifter Bach-Blüten

Bach-Blüten gehören meiner Erfahrung nach unbedingt zur Behandlung der Infektanfälligkeit, da sie beitragen können zur Lösung der vielfältigen familiären Spannungen, die im Umfeld der Infektanfälligkeit auftreten (→ Seite 17).

Es handelt sich um Auszüge bestimmter Blüten (von Blumen und Bäumen), deren seelisch harmonisierende Wirkung von dem englischen Arzt Dr. Edward Bach (1886 bis 1936) entdeckt wurde. Ihm verdanken wir beispielsweise das einzige bekannte Mittel gegen Eifersucht (Holly), das schon vielen Familien Frieden beschert hat – Mittel der Wahl, wenn Geschwister oder Eltern das Gefühl haben, dem infektanfälligen Kind gegenüber zu kurz zu kommen.

Zu seelischer Harmonie

Bach-Blüten wirken unter anderem antidepressiv, antriebssteigernd, ermutigend, beruhigend oder gegen akute Verzweiflungsanfälle.

Ich behandle mit Bach-Blüten sowohl infektanfällige Kinder als auch deren Eltern und Geschwister, denn schließlich kann sich das anfällige Kind nur dann regenerieren, wenn gute Stimmung bei allen Familienangehörigen herrscht.

Es gibt 38 Bach-Blütenessenzen, die ich nicht einzeln vorstellen kann (Bücher → Seite 93, Bezugsquellen → Seite 91). Auch sie wirken am besten, wenn man sie mit ultrafeinen Meßmethoden (→ Seite 36) austestet.

Das hilft bei Schäden durch ärztliche Maßnahmen

Impfschäden: Die negativen Folgen von Impfungen lassen sich durch die folgenden Nosoden (→ Seite 69) behandeln:
nach Diphtherieimpfungen: Diphtherinum
Nosoden-therapie
nach Keuchhustenimpfungen: Pertussinum
nach Masernimpfungen: Morbillinum
nach Polioimpfungen: Poliomyelitis
nach Tetanusimpfungen: Tetanol
Störungen der Fieberbildung: Hier helfen oft Darmsanierung (→ Seite 85, 86) und immunstärkende Maßnahmen (→ Seite 60, 89)

Ärztliche Behandlung

Darmflorastörungen durch Kortison und Antibiotika: Dabei sind Maßnahmen gegen schädliche Bakterien (→ Seite 85) und Pilze (→ Seite 86) sinnvoll.
Allergien auf Antibiotika: Sie lassen sich mit speziellen Antibiotikanosoden (→ Seite 69) behandeln.
Schäden durch Amalgam: Amalgamplomben sollten durch einen ganzheitlich orientierten Zahnmediziner entfernt, parallel dazu Ausleitungsmaßnahmen gegen das im Körper gespeicherte Quecksilber durchgeführt werden (→ Seite 74).

So werden Schadstoffbelastungen behandelt

Die homöopathische Ausleitung von Chemikalien

Umweltgifte

Manche altbekannten homöopathischen Mittel enthalten äußerst geringe Mengen von Substanzen, die zu den Umweltgiften gehören: etwa Formaldehyd, Dioxin, Lindan oder PCP. Diese Homöopathika können bei der Ausscheidung der jeweiligen Schadstoffe helfen oder die davon ausgelösten Beschwerden lindern. Die anschließende Tabelle zeigt, welche Mittel bei welchen Schadstoffen in Frage kommen. Das richtige Mittel und die Potenz müssen vorher mit ultrafeinen Methoden (→ Seite 36) getestet werden.

Ausleiten mit Homöopathika

- *Dichlorbenzol:* Asarum europacum, Nux moschata
- *Dioxin:* Asarum europacum, Carbo vegetabilis, Acidum formicicum, Kreosotum, Pix liquida, Pulsatilla, Silicea, Tabacum
- *Formaldehyd:* Arsenicum metallicum, Petroleum
- *Lindan:* Kreosotum, Nux vomica, Petroleum
- *MCPA:* Arsenicum metallicum, Petroleum, Tilia europaca
- *PCB:* Cynosbathus, Petroleum, Pulsatilla, Taraxacum
- *PCP:* Cynosbathus, Formicium acidum, Nux vomica, Petroleum, Solidago, Taraxacum, Tilia europaca
- *Pyrethroide:* Pyrethrum (auch zur Behandlung von Tieren, die Flohhalsbänder getragen haben, empfehlenswert)
- *Toluol:* Cynosbathus, Petroleum, Picrinicum acidum

Auch durch folgende Mittel und Maßnahmen kann der Arzt die Giftausscheidung bei einem Kind unterstützen:

- Taraxacum D6 (zur Unterstützung der Nierenfunktion)
- Petroleum D12
- Vitamin C
- reichliches Trinken von Quellwasser aus Glasflaschen (»stille« Miteralwässer)
- naturbelassene Ernährung (→ Seite 53)
- zwei Saunabesuche pro Woche.

Nosodentherapie gegen Schadstoffe

Eine wichtige ärztliche Therapie

Sehr wichtig in der Behandlung von Schadstoffbelastungen ist meiner Erfahrung nach die Nosodentherapie (→ Seite 69). Die richtige Nosode in passender Potenz muß vorher mit ultrafeinen Methoden getestet werden (→ Seite 36). Die Firma Stauffen Pharma hält Nosoden von vielen häufig vorkommmenden Schadchemikalien bereit und bereitet auf Wunsch auch Nosoden von weiteren Stoffen zu. Die wichtigsten derzeit lieferbaren Nosoden sind:

Nosoden von Schadstoffen

Haushaltsreiniger-Nosoden: von Calgonit und Somat (Spülmaschinenmittel), Dosyl-combi (Melkmaschinenreiniger), Persil (Waschmittel), Polyboy (Möbelpolitur), Rei (Waschmittel), Schmierseife, Silan (Weichspüler), Tinopal (Wäscheaufheller), WC OO (WC-Reiniger), Vim (Scheuermittel)
Holzschutzmittel-Nosoden: von Dinitrokresol, Holzschutzlasur, Holzschutzmittel, Holzwurmbasileum, Osmol-Bauholzschutz, Pentachlorphenol, Sadolin PX 65 farblos, Xyladecor, Xyladecor 2000, Xylamon. Außerdem gibt es Nosoden für Toluol, PCP, Lindan, Formaldehyd und Xylol.

Die Ausleitung von Schwermetallen

Homöopathie hilft auch bei der Schwermetallausleitung. Die folgende kleine Liste zeigt, welches Mittel der Arzt gegen welches Schwermetall einsetzen kann. Die Potenz muß mit ultrafeinen Methoden getestet werden (→ Seite 36).

Blei, Platin, Cadmium, Quecksilber

Blei: Plumbum metallicum
Cadmium: Cadmium metallicum
Platin: Platinum metallicum
Quecksilber: Mercurius, alternativ können drei andere Homöopathika parallel gegeben werden: Mezereum D6, Hepar sulfuris D12, Sulfur D12.

Außerdem verordne ich schwermetallbelasteten Kindern die Einnahme von Zincum metallicum D6, Selenium D3 und Vitamin C (in Form von Natriumascorbat) zur Förderung der Schwermetallausscheidung über Leber, Niere und Darm. Bei schweren Quecksilber- und Bleivergiftungen kann die Einnahme von Chelatbildnern in Tablettenform (zum Beispiel Unithiol und Dimaval) sinnvoll sein. Diese Substanzen verbinden sich im Körper untrennbar mit den Schwermetallen und werden dann über den Urin ausgeschieden. Während dieser Therapie sollten die Kinder viel Wasser trinken (bis zum Alter von sechs Jahren einen Liter, später eineinhalb bis zwei Liter pro Tag).

Während der Therapie viel trinken

Naturgemäße Allergie-Therapie

Neutralisation mit Nosoden

Die besten Erfahrungen in der Allergiebehandlung habe ich mit Nosoden (→ Seite 69) gemacht. Man nimmt Nosoden des Stoffs, auf den das Kind allergisch ist (eventuell müssen sie eigens hergestellt werden – darin erfahrene Therapeuten Seite → 91), und testet die verschiedenen Potenzen mit ultrafeinen Methoden (→ Seite 36) durch, bis man die Potenz findet, die die Symptome zum Abklingen bringt.

Bereitet aus dem Allergen

Ein Beispiel: Bei Allergie auf die Haare des Lieblingshaustiers, eine bei Kindern häufige Allergie, wird in Alkohol ein Extrakt aus den Haaren hergestellt. Dieser Extrakt wird so oft um den Faktor zehn potenziert, bis Tests zeigen, daß sich die Allergie damit »neutralisieren« läßt. In zahlreichen Fällen ist die Wirkung verblüffend.

Weitere wirkungsvolle Maßnahmen

Neben der Nosodentherapie habe ich in der Allergiebehandlung mit folgenden Maßnahmen gute Erfahrungen gemacht:

Stärkt die Abwehrkräfte

Eigenblutbehandlung nach Imhöfer (→ Seite 89): sollte vom Arzt bei allen Allergiekranken durchgeführt werden.

Darmsanierung (→ Seite 85, 86): ist sehr wichtig, weil bei intakter Darmschleimhaut viel weniger Allergene in den Körper eindringen.

Behandlung allergischer Bindehautentzündung: Euphrasia D2, Euphrasia-Augentropfen (Hersteller: Wala), in schweren Fällen Chromoglycin-Präparate nach ärztlicher Vorschrift.

Behandlung von Heuschnupfen: In beschwerdefreien Zeiten Acidum formicicum D30. Bei akuten Anfällen hilft meist Galphimia glauca D6. Außerdem kommen in Frage (nach kinesiologischer Testung → Seite 37): Phytorin-Tropfen, Heuschnupfenmittel (Hersteller: DHU), Sinusitis Komplex Hevert, Euphorbium Compositum oder Sinupret.

Bei Heuschnupfen

Bei trockener Nasenschleimhaut hilft Nisita-Nasensalbe, bei zugeschwollener Nase Chromoglycin-Nasenspray (mitunter allergieauslösend, ansonsten geeignet für Kinder ab zwei Jahre, davor gibt man Luffa Nasentropfen ohne Treibgas und Luffa D4 oder isotonische Kochsalzlösung).

Bei Hausstaubmilbenallergie: In Frage kommen Kalium arsenicum D12, Sabadilla D 30, Tuberkulinum D 200, Sulfur D 200 (vorher testen → Seite 36).

Der Arzt bestimmt die Behandlung

Bei Milchallergie: Aethusa cynapium (über längere Zeit mit steigender Potenz eingenommen). Alternative (vorher kinesiologisch testen → Seite 37) für Säuglinge Sambucus nigra D3, für ältere Kinder und Erwachsene Luffa D4.

Bei Nickelallergie: Arsenicum iodatum D12

Bei Quecksilberallergie (dies ist etwas anderes als Quecksilbervergiftung und tritt bei manchen Kindern schon durch eine einzige Amalgamplombe auf): Mercurius-Heel oder Mercurius solubilis hahnemanni D12 (nach kinesiologischer Testung → Seite 37).

Bei Allergien und Pseudoallergien auf Phosphate, Farbstoffe, Konservierungsmittel und Aspirin: Okoubaka über längere Zeit mit ansteigender Potenz eingenommen.

So beseitigt man Mineralstoffmangel

Zuerst: Homöopathika

Die Mineralstoffpräparate und die homöopathischen Mineralstoffe zur Behandlung von Resorptionsstörungen und Mangelzuständen müssen vor der Einnahme mit ultrafeinen Methoden (→ Seite 36) auf Verträglichkeit und tatsächlichen Nutzen getestet werden. Bei Homöopathika testet man außerdem die Potenz. Zur Behebung von Mineralstoffmangel behandle ich immer zunächst mit Homöopathika; genügt das nicht zur Wiederherstellung einer ausreichenden Versorgung (dies läßt sich testen → Seite 36), gebe ich nichthomöopathische Mineralstoffe (die von den Kassen allerdings meist nicht erstattet werden).

Calciummangel vermeiden

Aufs Essen achten

Calciummangel ist sehr verbreitet, da dieser Mineralstoff vom Körper aus der »Normalkost« nicht einmal dann ausreichend aufgenommen wird, wenn man viel Milch und Milchprodukte ißt. Hinzu kommt, daß viele Kinder oft Calcium-raubende Nahrungsmittel essen – insbesondere Zitrusfrüchte oder -säfte und phosphathaltige Speisen.

Ich behandle Neurodermitiker mit den Homöopathika Calcium phosphoricum oder Calcium carbonicum hahnemanni, Störungen der Calciumaufnahme (Symptome: weiche Nägel, Haarausfall, fleckige Zähne) mit Calcium fluoratum, und auch Milchallergie mit einem der genannten Mittel (Eignung und Potenz vorher testen → Seite 36). Wenn das nicht ausreicht, kommen apothekenübliche Calciummittel in Frage (Auswahl nach Test → Seite 37).

Mittel zur Wahl

Wichtig

Bei der Calcium-Einnahme ist zu beachten:

- Calcium darf nicht gleichzeitig mit Magnesium eingenommen werden, da diese beiden Stoffe einander bei der Aufnahme in den Körper behindern.
- Allerdings sollte bei Calcium-Einnahme zu einer anderen Tageszeit auch ein Magnesiumpräparat (→ Seite 78) genommen werden, weil dieser Mineralstoff sonst durch das Calcium verdrängt wird.
- Ideal ist die Einnahme nach einer Fleischmahlzeit, weil dadurch die Eisenresorption aus dem Fleisch verbessert wird.

Chrom unterstützt die Bauchspeicheldrüse

Chrom, Bestandteil des in der Bauchspeicheldrüse gebildeten »Glukosetoleranzfaktors«, ist für die Regulierung des Blutzuckerspiegels zuständig und besonders wichtig bei Diabetes, Unterzucker (Hypoglykämie) und Aggressivität.
Zur homöopathischen Behandlung von Chrommangel eignet sich Chromum D4.
Wenn das nicht genügt, verordne ich das in der Regel verträgliche Picochrom (Bezugsquelle → Seite 91). Kleineren Kindern gibt man den Inhalt der Kapseln, ein geschmackloses Pulver, einfach in den Brei (Dosierung vorher kinesiologisch testen → Seite 37).

Ihr Arzt bestimmt die Therapie

Eisen gegen Blutarmut

Eisenmangel findet man häufig bei strengen Vegetariern, weil sie nur wenig Vitamin B 12 zu sich nehmen, einen Stoff, der wesentlich ist für die Eisenresorption.

Alle Mittel zuvor testen

Zur Verbesserung der Eisenaufnahme gebe ich das Homöopathikum Ferrum metallicum D6 und Vitamin B12 Ratio (Dosis und Eignung vorher testen → Seite 37).
Außerdem sollte das Kind jeden Tag zumindest ein bißchen Fleisch essen (mageres Rindfleisch, ein Lammkotelett, mageres Rinderhack).
Wenn dies beides nicht genügt, kann der Arzt dem Kind nicht-homöopathische Eisenpräparate verordnen. Da diese Mittel oft Magen-Darm-Beschwerden (Bauchschmerzen, Durchfall, Verstopfung) hervorrufen, sollte man sie vor der Einnahme unbedingt auf den Magen des Kindes legen und kinesiologisch austesten (→ Seite 37).
In Frage kommt neben apothekenüblichen Präparaten auch Kräuterblut (Reformhaus).

Kupfer verbessert die Sauerstoffaufnahme

Kupfer ist Bestandteil verschiedener Enzyme, die für den Sauerstoff- und Eisenstoffwechsel zuständig sind.
Wenn Kinder nicht ausreichend mit Kupfer versorgt sind, hilft meiner Erfahrung nach Cuprum D3, wenn das nicht genügt, Kupferorotat oder Kupfergluconat (vorher testen → Seite 37).

Magnesium gegen Nervosität und Streß

Wichtig für das Immunsystem

Fast alle Menschen leiden heute unter Magnesiummangel, weil dieser Stoff aufgrund der monokulturellen Bewirtschaftung der Äcker nicht mehr ausreichend in unserer Nahrung enthalten ist. Für die optimale Funktion des Immunsystems aber ist eine ausreichende Versorgung mit Magnesium entscheidend.
Deshalb gebe ich infektanfälligen Kindern zumindest das homöopathische Magnesium phosphoricum D6.
Wenn das nicht reicht, verschreibe ich Mg-5-Longoral Kautabletten, Mg-5-Longoral-Granulat (löslich und fürs Babyfläschchen geeignet), Magnerot oder andere nicht-homöopathische Präparate (vorher testen → Seite 37).

Wichtig

Bei der Magnesium-Einnahme ist zu beachten:

- Eine Überdosierung äußert sich durch übertriebenes Schlafbedürfnis. Sollte Ihr Kind allzu lange schlafen, das Mittel – nach Rücksprache mit Ihrem Arzt – so lange weglassen, bis es wieder normal schläft, dann Magnesium geringer dosieren.
Normale Schlafzeiten: bei Säuglingen 16 Stunden, bei Kleinkindern 12 bis 14 Stunden, bei jüngeren Schulkindern 9 bis 11 Stunden pro Tag.
- Wenn Ihr Kind nicht-homöopathisches Magnesium nimmt, muß es auch Calcium nehmen (→ Seite 76).

Besserer Immunschutz durch Zink

Zink spielt eine bedeutende Rolle bei vielen lebenswichtigen Stoffwechselvorgängen und ist unentbehrlich für ein gut funktionierendes Immunsystem. Leider ist es wie Magnesium in unserer Nahrung nicht mehr ausreichend vertreten.

Anzeichen für Zinkmangel

Zinkmangel erkennt man vor allem an weißen Flecken auf den Nägeln, fehlender Traumerinnerung und Infektanfälligkeit. Eine extreme Form von Zinkmangel ist durch Urinuntersuchung an der vermehrten Ausscheidung von Kryptopyrrol zu erkennen (Laboradresse → Seite 91).
Wurde durch ultrafeine Tests (→ Seite 36) Zinkmangel nachgewiesen, verordne ich zunächst Zincum metallicum D6, bei Bedarf (ultrafein testen → Seite 36) auch die Präparate Zinkorotat oder Zinkgluconat.

Wichtig

Bei der Zink-Einnahme ist zu beachten:

- Zink sollte nicht zusammen mit Calcium, Magnesium oder Selen genommen werden, weil es die Resorption dieser Stoffe behindert.

Bei allergischen Ausbrüchen (Asthma, Heuschnupfen, hyperaktiven Attacken, Neurodermitis) wirken Zinkinjektionen in die Vene (Präparat: Unizink) oft besser als die üblicherweise eingesetzten Calciumspritzen.

Richtig dosierte Vitaminzufuhr

Lebenswichtig: Vitamine

Vitamine müssen dem Organismus regelmäßig zugeführt werden. Ebenso wie manche Mineralstoffe sind auch Vitamine heute oft in unserer Nahrung »Mangelware«. Außerdem steigt bei Schadstoffbelastungen und Krankheiten der Verbrauch an bestimmten Vitaminen steil an. Aus diesen Gründen sind Vitamingaben für infektanfällige Kinder sehr wichtig (der Arzt bestimmt die Therapie).

Vitamin A – wichtig für die Blutbildung

Mittel zuvor testen

Dieses Vitamin hat eine wichtige Funktion für die Bildung der roten Blutkörperchen (die den Sauerstoff transportieren) und der weißen Blutkörperchen (der Immunzellen). In guten Präparaten ist Vitamin A immer mit Vitamin E kombiniert, weil es sonst leicht zerstört werden kann. Die Mittel: A-E-Mulsin forte und A-E-Vitamin Ratio, besonders verträglich ist Bakanasan (Reformhaus). Diese Präparate müssen mit ultrafeinen Methoden getestet (→ Seite 36) und streng nach Vorschrift entsprechend dem Alter des Kindes (→ Tabelle, Angaben nach DGE) gegeben werden, denn zu große Mengen können schaden. Parallele Einnahme von Vitamin C (Natriumascorbat) mindert das Risiko der Überdosierung.

Streng nach Vorschrift dosieren

Tagesbedarf von Vitamin A – nach Alter

Auf der Packung wird die Vitamin A-Menge entweder in I.E. (Internationale Einheiten) oder in Milligramm (mg) angegeben. 10000 I.E. entsprechen 3 mg.

Säuglinge	0 – 2 Monate	0,5 mg
	3 – 11 Monate	0,6 mg
Kinder	1 – 3 Jahre	0,6 mg
	4 – 6 Jahre	0,7 mg
	7 – 9 Jahre	0,8 mg
	10 – 12 Jahre	0,9 mg
	13 – 14 Jahre	1,0 – 1,1 mg
	15 – 18 Jahre	0,9 – 1,1 mg

Vorsicht: Vitamin A kann bei Überdosierung schaden. Die richtige Dosis für Ihr Kind muß genau ausgetestet werden. Während Ihr Kind Vitamin-A-Präparate nimmt, sollten Sie ständigen Kontakt mit Ihrem Arzt halten.

Dosis austesten

B-Vitamine stärken die Nerven- und Muskelfunktion

Vitamin B 6 sollte vor allem dann gegeben werden, wenn das Kind Kryptopyrrol mit dem Urin ausscheidet (→ Seite 79). Präparate: B-6-Vicotrat, B-6-Ratiopharm, Benadon Roche (Verträglichkeit vorher testen lassen → Seite 37).

Dosis austesten

Auch B-Vitamine können bei Überdosierung schaden. Die richtige Dosis für Ihr Kind muß genau getestet werden; während Ihr Kind Vitamin-B-Präparate nimmt, müssen Sie ständigen Kontakt mit Ihrem Arzt halten.

Bei Überdosierung wird das Kind zappelig und träumt zuviel, dann sollte der Arzt die Dosis etwas reduzieren.
Vitamin B 12 ist wichtig für den Eisenstoffwechsel und sollte bei Blutarmut parallel mit Eisenpräparaten verordnet werden (→ Seite 77). Infektanfällige und Neurodermitiker leiden oft unter einem Mangel an Vitamin B 6 und Zink, der die Versorgung mit der lebenswichtigen Gamma-Cis-Linolensäure stört. Oft hilft hier die Einnahme dieser Fettsäure (Präparat: Efamol).

Vitamin C – fast ein Allheilmittel

Vitamin C verbessert die Sauerstoffversorgung, aktiviert den Stoffwechsel, verhindert Zellschäden, beugt Infektionen vor und kann beginnende Krankheiten im Keim ersticken. Es ist sehr wichtig für alle infektanfälligen Kinder. Auch bei allergischen Anfällen kann Vitamin C helfen, indem es die im Blut befindliche Menge des bei vielen Allergien beteiligten Gewebehormons Histamin senkt. In der Apotheke wird Vitamin C meist in Form der sehr sauren Ascorbinsäure angeboten, die Zähne, Magen und Darm belastet. Ich verordne statt dessen das besser verträgliche Natriumascorbat.

Wichtig auch bei Allergien

Gezielte Hilfe bei akuten und chronischen Infekten

Ärztliche Behandlung

Bei einem infektanfälligen Kind sollte jeder akute oder chronische Infekt gründlich behandelt und ausgeheilt werden – wenn irgend möglich, mit natürlichen Mitteln. Andernfalls drohen bleibende Schäden durch die chronischen Entzündungen (→ Seite 29) oder – wenn akute Infekte durch Antibiotika unterdrückt werden – Nebenwirkungen (→ Seite 22), die eine Infektanfälligkeit verschärfen.
Ein in Homöopathie und Nosodentherapie erfahrener Arzt (Adressen → Seite 91), kann die folgenden Empfehlungen fachkundig umsetzen und setzt sicher auch bei Komplikationen wie hohem Fieber Naturheilmittel ein. Wichtig ist zudem, daß er für Sie stets erreichbar ist.

Mandelentzündung

Je nach Symptomen des Kindes können die folgenden homöopathischen Mittel verschrieben werden: Belladonna D6, Dulcamara D6, Kalium muriaticum D6, Mercurius solubilis hahnemanni D6, Aconitum D4. Außerdem sind sinnvoll – und das können Sie selbst machen: ein kalter, feuchter Halswickel über Nacht, tagsüber ein warmer Schal, Bettruhe, Verzicht auf Milch und Milchprodukte.

Halswickel

Bei chronischer Mandelentzündung können die Mittel Lymphomyosot und Lymphdiaral helfen. Hier ist der Verzicht auf Milchprodukte (außer Butter und Sahne in kleinen Mengen) von größter Bedeutung.

Wichtig

> Bitte beachten Sie: Falls diese Maßnahmen nicht binnen weniger Stunden anschlagen und sich die Entzündung verschlimmert, müssen Sie sofort Ihren Arzt holen.

Schnupfen

Je nach Symptomen kommen in Frage: die homöopathischen Mittel Kalium chloratum D6, Kalium sulfuricum D6, Natrium phosphoricum D6. Bei klebrigem Schleim kann die Nosode (→ Seite 69) Klebsiella D5 helfen, kleinen Kindern gibt man bei Schnupfen Katarrhalische Mischflora D5 (Hersteller: Stauffen Pharma). Außerdem sollte die Darmflora der betroffenen Kinder saniert werden (→ Seite 85). Hilfreich sind auch das Bakterienpräparat Symbioflor in die Nase geträufelt und ISR 19, eine Art bakterieller Impfstoff, der in die Nase gesprüht wird.

Ihr Arzt bestimmt die Therapie

Mittelohrentzündung

Sehr wichtig

> Bitte beachten Sie: Falls die Beschwerden durch die ärztliche Behandlung nicht innerhalb weniger Stunden deutlich zurückgehen, müssen Sie – nach Rücksprache mit Ihrem Arzt – mit dem Kind einen Hals-Nasen-Ohren-Arzt aufsuchen.
> Bei Fieberanstieg, Kopfschmerzen, Erbrechen und Trommelfelldurchbruch mit stinkendem Eiterfluß sollten Sie sofort Ihren Arzt holen.

Je nach Symptomen des Kindes gibt man die Homöopathika Aconitum D30, Pulsatilla D2, Apis D6, Kalium bichromicum D4, Ferrum phosphoricum D6, Dulcamara D6, Capsicum D6, Silicea D6, Lycopodium D6 oder Lachesis D12.

Kehlkopfentzündung

Kehlkopfentzündung erkennt man vor allem an Schluckbeschwerden und Heiserkeit. Der Arzt kann dem Kind je nach Symptomatik die homöopathischen Mittel verschreiben: Causticum D6, Phosphor D12, Aconitum D30, Belladonna D6, Apis D6. Gleichzeitig sollte die Tätigkeit des Immunsystems im Kehlkopfbereich durch Echinacea-Spray (Hersteller: Wala) angeregt werden.
Bei chronischer Kehlkopfentzündung helfen Apis D3 oder Sulfur D6 (vorher ultrafein testen → Seite 36).
Bei Pseudokrupp kommen folgende Nosoden (→ Seite 69) und Homöopathika in Frage (Potenz und Dosis vorher ultrafein testen → Seite 36): Nosode katarrhalische Mischflora, Acidum sulfuricum, HM Cetraria islandica, HM Spongia, Org. Präp. Pharynx, Org. Präp. Bronchi, Org. Präp. Glandulae suprarenales.

Pseudokrupp

Wichtig

Bitte beachten Sie: Bei Kehlkopfentzündung in Verbindung mit Atemnot oder röchelnder Atmung müssen Sie sofort Ihren Arzt holen.

Scharlach

Immer den Arzt rufen!

Bei dieser Krankheit muß immer ein Arzt geholt werden, damit mögliche Folgerkrankungen der Ohren, des Herzens, der Nieren und der Hirnhaut früh genug erkannt werden. Außerdem sollte man 2 bis 3 Wochen nach Krankheitsausbruch (insbesondere bei Angina) den Urin untersuchen lassen, um eine Scharlach-Nierenentzündung rechtzeitig zu erkennen. Ich verordne Scarlatina-Nosoden (→ Seite 69, richtige Potenz ultrafein testen → Seite 36) oder Umckaloabo-Tropfen von Iso.

Was tun bei Fieber?

Wann Sie den Arzt rufen müssen

In der Anfangsphase des Fiebers können Sie versuchen, Ihr Kind nach den folgenden Richtlinien selbst zu behandeln. Falls das Fieber jedoch sehr hoch ist (über 39,5 °C) und nicht binnen 6 bis 8 Stunden nach Gabe der genannten Homöopathika deutlich zurückgeht, müssen Sie Ihren Arzt konsultieren.
Treten zusätzlich Erbrechen, Durchfall, Kopfschmerzen oder andere beängstigende Symptome auf, sollten Sie sofort Ihren Arzt holen.

Fieber nicht unterdrücken

Fieber sollte nicht durch fiebersenkende Medikamente oder Hausmittel unterdrückt werden. Ich empfehle vor allem reichliches Trinken (Volvic, Kamillen- oder Zinnkrauttee) und homöopathische Mittel:
Aconitum D6 – bei plötzlich einsetzendem Fieber mit Durst: alle fünf Minuten 1 Tablette lutschen, bis das Fieber sinkt.
Belladonna D6 – bei Fieber ohne Durst, mit abwechselnd blassen und knallroten Bäckchen: alle 2 Stunden 1 Tablette.

Gelsemium D4 – bei Gliederschmerzen: alle halbe Stunde 1 Tablette bis zur Besserung.

Wählen Sie sorgfältig

Eupatorium perfoliatum D6 – bei Fieber, das morgens höher ist als abends: 2 bis 3 Tabletten pro Tag.

Ferrum phosphoricum D4 – bei klopfenden Ohr- oder Kopfschmerzen: alle Viertelstunde 1 Tablette lutschen, bis die Beschwerden zurückgehen.

Fieberkrämpfe

Eine gefürchtete Komplikation bei fiebrigen Erkrankungen sind Fieberkrämpfe, die nur bei dafür besonders anfälligen Kindern und meist ab etwa 39,5 °C, mitunter aber auch bei niedrigeren Temperaturen auftreten. Wenn man aus Erfahrung weiß, daß das Kind zu Fieberkrämpfen neigt, muß man das nächste Mal alles tun, damit das Fieber nicht so weit ansteigt, daß Krämpfe auftreten. Als Sofortmaßnahme zur Fiebersenkung empfehle ich, das Kind 1 bis 2 Minuten lang von Kopf bis Fuß in ein lauwarmes feuchtes Badetuch einzuwickeln.

Falls Ihr Kind zu Fieberkrämpfen neigt, sollten Sie sich vom Kinderarzt Valium-Rektiolen verschreiben lassen, mit denen sich ein akuter Anfall rasch stoppen läßt, ohne daß Antiepileptika eingesetzt werden müssen (diese Mittel können der Lernfähigkeit eines Kindes schaden).

Vorbeugend hilft Cuprum D6: jeden Tag 1 Tablette lutschen – fragen Sie Ihren Arzt.

Schädliche Bakterien im Darm

Darmsanierung

Als Grundbehandlung bei Störungen der bakteriellen Besiedlung des Darms kann der Arzt Colibakterienpräparate verschreiben: Hylak N, Symbioflor 1, Prosymbioflor, in schweren Fällen Colibiogen (nach kinesiologischem Test → Seite 37).

Falls hartnäckige Darmbeschwerden auftreten und keine Hefepilzbelastung vorliegt (→ Seite 29), kann der Arzt mit Hilfe von Nosoden (→ Seite 38) prüfen, ob chronische Infektionen mit anderen Bakterien, etwa Salmonellen, Shigellen, Klebsiellen oder Staphylokokken, im Spiel sind und diese auch mit Nosoden behandeln.

Hefepilze bekämpfen

Konsequent behandeln

Hefepilze im Darm müssen auf jeden Fall konsequent bekämpft werden, da sie sehr immunschwächend wirken und Allergien fördern. Sind die Pilze durch Laboruntersuchungen nachgewiesen, wird je nach Ausfall des »Antimykogramms« und am besten auch nach individueller kinesiologischer Testung (→ Seite 37) vom Arzt ein Antipilzmittel gegeben (empfehlenswert: Nystatin, Bezugsquelle für allergenfreies Nystatin → Seite 91). Kleinere Kinder bekommen Nystatin Lederle, Mykundex-Susp, Moronal-Susp (dieses Mittel ist laktosefrei und deshalb auch für Kinder geeignet, die Laktose nicht vertragen). Als Alternative bietet sich Daktar-Mundgel an (nach jeder Mahlzeit und, weil die Pilzsporen vor allem an den Zahnhälsen sitzen, auch nach dem Zähneputzen 1/2 Teelöffel im Mund zergehen lassen).

Antipilzdiät

Um die Ausleitung der von den Pilzen produzierten Giftstoffe zu fördern, wird Borax D6 verordnet. Gleichzeitig muß das Kind eine Antipilzdiät einhalten: Keine zuckerhaltigen Nahrungsmittel, kein Honig, kein Obst, kein Obstsaft (enthält Fruchtzucker und viele Pilzsporen), keine Bierhefe (in vielen Würzmitteln enthalten). Hefegebäck wird halbwegs verträglich, wenn man es einfriert und wieder aufbackt oder zwei Tage liegen läßt, weil die Sporen danach weniger vermehrungsfähig sind. Alternativen: Sauerteig- oder Backfermentbrot kaufen (Naturkostladen) oder selbst backen.
Pilzerkrankungen der Vagina lassen sich mit Laktobazillen in Kapselform (Präparat: Döderlein-Med) oft erfolgreich behandeln.

Viruserkrankungen natürlich behandeln

Beachten Sie bitte

Masern: Das Kind darf auf keinen Fall fernsehen, lesen, Bilderbücher anschauen oder mit hellem Licht konfrontiert werden, sonst drohen Augenschädigungen. Es sollte warm und trocken gehalten werden, damit der Ausschlag sich entwickeln und wirklich nach »außen schlagen« kann, anstatt sich nach innen zu wenden und so vielleicht lebensgefährliche Krankheiten wie Lungen- oder Hirnhautentzündung auszulösen.

Masern-Nosode

Zur Behandlung im akuten Fall gibt der Arzt mehrere Tage die Masern-Nosode (→ Seite 69) Morbilli D3 in Ampullenform, danach eine sogenannte KUF-Reihe: täglich eine Morbilli-Ampulle mit steigender Potenz von D5 bis D30. Danach muß neu ausgetestet werden, ob eine weitere Nosodenbehandlung noch erforderlich ist.
Außerdem sollte den betroffenen Kindern Pulsatilla D6 verschrieben werden. Gegen mögliche Augenschmerzen helfen Chelidonium compositum Augentropfen.

> Wichtig: Treten während der Masernerkrankung schwerer schmerzhafter Husten oder starke Kopfschmerzen auf, müssen Sie sofort Ihren Arzt holen.

Keuchhusten-Nosode

Keuchhusten: Im akuten Fall kann der Arzt Pertussinum-Nosoden (→ Seite 69) verschreiben. Das Kind trinkt nach Austestung (→ Seite 36) der Potenz einmal täglich 1 Ampulle und behält den Inhalt möglichst lange im Mund. Sind die Symptome nach einigen Tagen nicht deutlich zurückgegangen, sollte die Potenz neu getestet werden. Zur Linderung des Hustenreizes verordne ich Prospan-Tropfen (Dosierung nach Beipackzettel).
Mumps: Nosode (→ Seite 69) Parotitis epidemica (Potenz und Dosis individuell austesten → Seite 36).
Röteln: Nosode (→ Seite 69) Rubeolae D3 oder D4 (vorher austesten, welche geeignet ist → Seite 36).

Auch hier: Nosodentherapie durch den Arzt

Windpocken: Im allgemeinen hilft die Nosode (→ Seite 69) Varicella D5. Eine gründliche ärztliche Behandlung mit Nosoden oder Homöopathie ist besonders wichtig, weil die Viren sonst den Körper weiter belasten und später als Gürtelrose wieder ausbrechen können.
Herpes: Hier hilft eine Nosodentherapie (→ Seite 69) gegen die Herpesviren, unter denen das Kind laut ultrafeinen Tests (→ Seite 36) leidet.

Das hilft bei Wurmbefall

Was Sie tun können

Als Vorbeugung: Achten Sie bei Ihrem Kind auf Sauberkeit: nach dem Stuhlgang den Po im Bidet oder mit der Dusche gründlich abspülen, öfter Hände und Mundbereich mit Seife waschen. Nach dem Spielen mit Haustieren sollten sich die Kinder zumindest vorm Essen und vorm Zubettgehen die Hände waschen, außerdem die Tiere nicht an Schnauze und After anfassen.

Darauf müssen Sie achten

Geben Sie dem Kind kein rohes oder halbrohes Fleisch (Rumpsteak, Tartar, rohen Schinken, Fisch). Auch wenn sie noch so verlockend aussehen: Lassen Sie Ihr Kind keine tiefwachsenden Beeren in rohem Zustand essen, es droht ein Befall mit Fuchsbandwurm! Das gilt für Blaubeeren, unten wachsende Brombeeren, niedergedrückte Himbeeren, Walderdbeeren und Preiselbeeren.

Nosodentherapie durch den Arzt

Ärztliche Behandlung erwiesener Wurmerkrankungen:
Madenwürmer – viel Sauerkraut essen, Homöopathie: Cina D6, Nosode: Oxyuren D3.
Spulwürmer – Nosode: Askariden D3, bei Darmverschluß (Warnzeichen: kein Stuhlgang, starke Unterleibsschmerzen): Operation erforderlich.
Rinder- und Schweinebandwurm – Nosode: Taenia D3.
Fischbandwurm – Nosode: Diphyllobotrius. Wenn das nicht hilft, das sonst übliche Mittel Yomesan. Außerdem gegen Vitamin-B-12-Mangel: apothekenübliche B-12-Präparate (nach kinesiologischer Testung → Seite 37), insbesondere bei Vitamin-B-12-Mangelsymptomen wie Abgeschlagenheit und Infektanfälligkeit.

Naturheilmittel gegen Strahlen und Elektrosmog

Ihr Arzt bestimmt die Therapie

Mondsüchtigkeit: Kindern, die bei Vollmond schlecht schlafen und deshalb besonders krankheitsanfällig werden, verordne ich Aqua luna compositum (Hersteller: Stauffen Pharma) – beginnend drei Tage vor Vollmond bis einen oder zwei Tage danach.
Radioaktivität: Belastungen nach Röntgenaufnahmen behandelt der Arzt mit dem Mittel Aqua r 100; Jugendliche, die als Kind in den Tagen nach der Tschernobyl-Katastrophe in den Regen geraten sind, mit Aqua pluvia Mai 86. Bei Elektrosmogbelastung kann das Mittel Aqua elektrostatisch helfen.

Belastungen durch Fernseher und Computerbildschirme: Aqua FS.
(Hersteller aller Präparate: Stauffen-Pharma (Verordnung durch den Arzt; Dosierung nach Testung → Seite 36).

Was das Immunsystem außerdem stärkt

Fragen Sie Ihren Arzt

Eigenblutbehandlung: Ich setze diese Methode vor allem in ihrer homöopathischen Form (nach Imhäuser) ein. Dabei entnimmt man nur einen Tropfen Blut und potenziert (→ Seite 67) ihn so lange, bis ultrafeine Tests (→ Seite 36) anzeigen, daß die richtige Potenz erreicht ist. Davon nimmt das Kind 3mal täglich 2 Tropfen, bis das Gläschen leer ist, und kommt dann wieder in die Praxis, damit die Potenz neu ermittelt werden kann. Die kleinen Patienten sind meist sofort beschwerdefrei und bleiben es, bis sie vergessen, ihr Eigenblut einzunehmen. Bei älteren Kindern führe ich auch die nicht-homöopathische Form der Eigenblutbehandlung durch: Es wird Blut aus der Vene entnommen und gleich in die Gesäßmuskulatur oder unter die Haut gespritzt.
Immunstimulation durch Pflanzenpräparate: Der Extrakt der Pflanze Sonnenhut (Echinacea) hat eine stark immunstimulierende Wirkung. In der Apotheke gibt es viele Echinacea-Präparate, zum Beispiel Esberitox, Echinacin und Echinacea-Hevert. Auch der sibirische Ginseng (Eleutherococcus) regt das Immunsystem an (Präparat Eleu-kokk, nicht für Kleinkinder geeignet, Verordnung und Dosierung nur vom Arzt).
Stärkung von Bronchien und Harnwegen: Speziell für diese Schwachpunkte geeignet sind die aus abgetöteten Bakterien bestehenden Mittel Bronchovaxom und Urovaxom (Verordnung durch den Arzt; Dosierung nach Packungsbeilage).

Ein Wort zum Schluß

Sie haben jetzt Selbsthilfemaßnahmen und ärztliche Therapieformen kennengelernt, mit denen sich die Infektanfälligkeit eines Kindes mildern läßt. Möglicherweise fühlen Sie sich von all diesen Informationen etwas überwältigt. Außerdem scheinen manche Ursachen für die Infektanfälligkeit kaum beeinflußbar zu sein: die zunehmende Schadstoffbelastung, die Entwertung unserer Nahrung oder Hektik und Streß unseres Alltags.

Mit einfachen Maßnahmen beginnen

Ich kann Sie beruhigen: Um Ihrem Kind zu helfen, brauchen Sie nicht gleich alle Empfehlungen dieses Buches in die Tat umzusetzen. Beginnen Sie in kleinen Schritten, und überfordern Sie sich nicht. Versuchen Sie es zunächst mit den Maßnahmen, die Sie ohne größeren Aufwand bewältigen können. Daraufhin werden sich wahrscheinlich schon bald erste Erfolge einstellen, die Ihnen Mut zu weiteren Veränderungen machen.

Wählen Sie zur Behandlung Ihres Kindes einen Arzt Ihres Vertrauens, mit dem Sie alle Maßnahmen besprechen können, die Sie durchführen wollen, um die Abwehrkräfte Ihres Kindes zu stärken. Wichtig ist vor allem, daß Erkrankungen des Kindes rechtzeitig vom Arzt erkannt und behandelt werden – das liegt allein in Ihrer Verantwortung. Gehen Sie also sofort zum Arzt, wenn Sie an Ihrem Kind Zeichen einer möglichen Erkrankung beobachten, und vertrauen Sie sich seiner Behandlung an.

Rechtzeitig zum Arzt gehen

Es gibt keinen Grund, schwarzzusehen, denn wir Menschen sind unglaublich widerstandsfähig. Wenn Sie heute beginnen, Ihr Kind in der richtigen Weise zu unterstützen, stehen die Chancen sehr gut, daß von seiner jetzigen Infektanfälligkeit im Erwachsenenalter kaum etwas zurückbleibt.

Zum Nachschlagen

Adressen, die weiterhelfen

Antimykogramm: Labor Drs. Hauss, Postfach 1207, 24340 Eckernförde; L+S GmbH, Im Mangelsfeld 4, 97708 Bad Bocklet

Bach-Blüten: Dr. Bach Centre German Office, Eppendorfer Landstraße 32, 20249 Hamburg; LF-Naturprodukte, Postfach 22, 24851 Eggebek

Bar-to-vac-Staubsauger: Zunftstraße 9, 21244 Buchholz

Baubiologische Untersuchungen: Institut für Baubiologie und Ökologie, Holzham 25, 83115 Neubeuern; Hanseatisches Umweltbüro, Wesloer Straße 112, 23568 Lübeck; weitere Adressen im Alternativen Branchenbuch (Literaturliste → Seite 93)

Chelattherapie: Deutsche Gesellschaft für Chelattherapie, Dr. C. Martin, Klinik Die Vier Jahreszeiten, 83700 Rottach-Egern

Derma Fluid: Hermann Scheler Derma Fluid Vertrieb, Weimarer Straße 8/2, 69469 Weinheim

Elektrosmogmessungen: Institut für Baubiologie und Ökologie, Holzham 25, 83115 Neubeuern

Ganzheitliche Zahnmedizin: Internationale Gesellschaft für Ganzheitliche Zahnmedizin e.V., Föhren 2, 79227 Schallstadt

Haarmineralanalyse: DMA Labor, Postfach 1180, 83052 Bruckmühl

Homöopathie: Erfahrene Therapeuten findet man über: Deutscher Zentralverein homöopathischer Ärzte e.V., Linkenheimer Landstraße 113, 76149 Karlsruhe

Hyperaktivität-Selbsthilfegruppen: Arbeitskreis überaktives Kind e.V., Dietrichsstraße 9, 30519 Hannover; Bundesgenossenschaft zur Förderung der Kinder mit MCD, Frau Wagner, Wendelinstraße 64, 50933 Köln

Kinesiologischer Muskeltest: Kurse und Therapeutenadressen über: Institut für Angewandte Kinesiologie, Zasiusstraße 67, 79102 Freiburg

Kryptopyrroltest: Dr. Lietha, Zürcher Straße 136, CH-8640 Rapperswil

Life Start (Bakterienpräparat für Säuglinge): Bio-Apotheke, Frauenstraße 17, 80469 München

Kleidung und Bettwäsche aus naturbelassenen

Materialien: Cotton Country, Rudolf-Diesel-Straße 30, 28876 Oyten bei Bremen; Lotos Design, Alsenzstraße 15, 67808 Imsweiler/Pfalz

Lavadorm (waschbare Matratzenpolster): Lavadormvertrieb, Marsweg 3a, 86172 Augsburg

Luftfilter: NSA-GmbH, Stuntzstraße 16, 81077 München

Neemseife: Dritte-Welt-Läden, zentrale Kontaktadresse: GEPA, Talstraße 20, 58332 Schwelm

Nosodenpräparate: Stauffen-Pharma, Bahnhofstraße 35, 73033 Göppingen

Nosodentherapie: Erfahrene Therapeuten findet man über: Zentralverein homöopathischer Ärzte e.V., Linkenheimer Landstraße 113, 76149 Karlsruhe; Zentralverband der Ärzte für Naturheilverfahren e.V., Bismarckstraße 3, 72250 Freudenstadt

Nystatin allergenfrei (in Kapseln): Starkenburg-Apotheke, Starkenburgring 12, 63128 Dietzenbach

Picochrom: Orthica Kontaktbüro, Eylauer Straße 3, 42277 Wuppertal

Psychologische Hilfe und Familientherapie: Adressen von Therapeuten erhält man bei kirchlichen und städtischen Erziehungs- und Eheberatungsstellen sowie bei Pro Familia.

Rainbow-Staubsauger: Rainbow Deutschland, Kettelerstraße 11, 97720 Nüdlingen

Raumluftuntersuchungen auf Schadstoffe: Darauf spezialisierte Labors finden Sie im Alternativen Branchenbuch (Literaturliste → Seite 93)

Schadstoffnachweis im Blut und im Urin: Labor Dr. Bauer, Berliner Promenade 17, Saarcenter, 66111 Saarbrücken

Stuhluntersuchungen auf Hefepilze: Labor Drs. Hauss, Postfach 1207, 24340 Eckernförde; L+S GmbH, Im Mangelsfeld 4, 97708 Bad Bocklet

Ultrafeine Messungen: Internationale Gesellschaft der Ärzte für Elektroakupunktur nach Voll e.V., Postfach 1219, 67098 Bad Dürkheim; Bioresonanz-Ärzte-Gesellschaft e.V., Föhren 2, 79227 Schallstadt; VEGA, Am Hohenstein 113, 77761 Schiltach

Wasserfilter: Revos Verwaltungs GmbH & Co Vertriebs KG, Drygalski-Allee 33, 81477 München

Bücher, die weiterhelfen

Achterberg, J., *Heilung durch Gedankenkraft,* Scherz Verlag, Bern, München

Alternatives Branchenbuch, erscheint alljährlich aktualisiert im Altop Verlag, München

Bachmann, R./Burghardt, L., *Kneippen,* Gräfe und Unzer Verlag, München

Becker, R. O., *Heilkraft und Gefahren der Elektrizität,* Scherz Verlag, Bern, München

Calatin, A., *Allergien bei Kindern,* Heyne Verlag, München

Finck, H., *Freundliche Bakterien, die lebenden Pillen,* Ehrenwirth Verlag, München

Flade, S., *Allergien natürlich behandeln,* Gräfe und Unzer Verlag, München

Flade, S., *Neurodermitis natürlich behandeln,* Gräfe und Unzer Verlag, München

Markus, H., *Pseudokrupp und Asthma bei Kindern natürlich behandeln,* Gräfe und Unzer Verlag, München

Markus, H./Finck, H., *Ich fühle mich krank und weiß nicht warum* – Candida albicans, die maskierte Krankheit, Ehrenwirth Verlag, München

Markus, H./Finck, H., *Umweltmedizin,* Scherz Verlag, Bern, München

Reckeweg, H., *Schweinefleisch und Gesundheit,* Aurelia Verlag, Baden-Baden

Rosival, V., *Hyperaktivität natürlich behandeln,* Gräfe und Unzer Verlag, München

Sarkisyanz, H., *Mykosen – Diagnose und Therapie in der Elektroakupunktur nach Voll (EAV),* ML-Verlag, Uelzen

Scheffer, M., *Bachblütentherapie – Theorie und Praxis,* Heinrich Hugendubel Verlag, München

Scott, J./Goss, K., *Allergien und der Weg, sich in wenigen Minuten davon zu bereien,* Verlag für Angewandte Kinesiologie, Freiburg

Schmidt, S., *Bachblüten,* Gräfe und Unzer Verlag, München

Schmidt, S., *Bachblüten für Kinder,* Gräfe und Unzer Verlag, München

Stellmann, H.M., *Kinderkrankheiten natürlich behandeln,* Gräfe und Unzer Verlag, München

Vollmar, K., *Autogenes Training mit Kindern,* Gräfe und Unzer Verlag, München

Wundram, D., *Kosmetik – Chemie auf Haut und Haaren,* Rowohlt Verlag, Hamburg

Beschwerden- und Sachregister

Redaktion: Doris Schimmelpfennig-Funke
Lektorat: Corinna Gieseler
Korrektorat: Christine Pfützner
Layout-Konzept und Umschlaggestaltung: Heinz Kraxenberger
Herstellung: Ina Hochbach
DTP-Satz: Design-Typo-Print GmbH, Ismaning
Druck: Wagner, Nördlingen
Bindung: VSB, Unterschleißheim

Auflage	5	4	3	2
Jahr	98	97	96	95

ISBN 3-7742-2106-5